MANNU CARVALHO

MANNUSCRITO

Literare Books
INTERNATIONAL
BRASIL · EUROPA · USA · JAPÃO

Presidente do conselho:
Maurício Sita

Presidente:
Alessandra Ksenhuck

Vice-presidente:
Julyana Rosa

Diretor de negócios:
Jorge Takeda

Diretor de relações institucionais:
Marcel Spadoto

Diretora de projetos:
Gleide Santos

Gerente editorial:
Anselmo Vasconcelos

Editor:
Helder Novaes

Assistente editorial:
Emerson Xavier

Capa:
Lucas Oliveira

Projeto gráfico e diagramação:
Gabriel Uchima

Revisão:
Fadua Matuck e Paulo Cezar de Mello

Impressão:
Printi

Dados Internacionais de Catalogação na Publicação (CIP)
(Câmara Brasileira do Livro, SP, Brasil)

Carvalho, Mannu

Mannuscrito : aprenda com a história de superação e criatividade que movimentou Trancoso e o mercado de eventos / Mannu Carvalho. -- São Paulo : Literare Books International, 2025.

ISBN 978-85-9455-459-8

1. Empreendedorismo 2. Mulheres empresárias 3. Superação - Histórias de vida 4. Trancoso (Porto Seguro, BA) I. Título.

25-285828 CDD-338.04092

Índices para catálogo sistemático:

1. Empreendedoras : Histórias de vida 338.04092

Eliete Marques da Silva - Bibliotecária - CRB-8/9380

Literare Books International.
Alameda dos Guatás, 102 – Saúde – São Paulo, SP.
CEP: 04053-040
Fone: +55 (0**11) 2659-0968
site: www.literarebooks.com.br
e-mail: literare@literarebooks.com.br

MISTO
Papel | Apoiando o manejo florestal responsável
FSC® C196274

Dedicatória

À minha mãe.

Mãe, nossa caminhada nunca foi simples. Entre quedas e recomeços, mudanças e lágrimas, eu sempre soube: você era a minha pessoa. Você colocou em mim todas as suas expectativas e, por muito tempo, isso parecia um peso, mas foi justamente daí que nasceu a força da natureza que me tornei.

Foi você quem me ensinou a ser trabalhadora, corajosa e ousada. Você me desafiava todos os dias e a prova disso foi que me colocou na autoescola aos 11 anos; não para quebrar regras, mas para que eu tivesse independência. Você queria ter certeza de que, acontecesse o que acontecesse, eu saberia me virar.

O mais valioso, porém, foi quando me ensinou a ser eu mesma. Nossa relação nunca foi fácil, mas sempre foi feita de uma mistura intensa de admiração, respeito, desafios e amor. E é nesse encontro de forças que existe eu e você.

Mãe, você é uma mulher incrível. Se eu pudesse escolher de novo, escolheria você, exatamente você para ser minha mãe outra vez.

Te amo!

...

À Preta Gil.

Desde o primeiro dia em que me olhou, você disse que eu era "muito competente". A partir dali, nasceu uma amizade sincera e duradoura. Logo depois, trabalhei para você – e, como sempre, entreguei mais do que foi pedido, porque você me inspirava a ir além.

Você me enxergava maior do que eu mesma. Chegou a dizer que queria me levar para o Rio de Janeiro porque acreditava que lá me transformaria em uma grande CEO. E pouco antes da sua partida, você me disse com a certeza que só você tinha:

"Mannu, você virou exatamente o que eu sempre vi em você: uma grande CEO."

Até hoje, me emociono quando lembro também da sua frase que virou quase um selo da minha identidade:

"Se quiser algo mais ou menos, não peça à Mannu, porque ela não sabe fazer."

Preta, você foi amiga, inspiração, conselheira e amor. Obrigada por acreditar tanto em mim, por me enxergar tão grande e por marcar a minha vida de um jeito eterno.

Te amo para sempre.

Agradecimentos

Ao meu filho, meu maior divisor de águas. Sem você eu talvez tivesse seguido um caminho que não era o meu. Você é minha luz, meu motor, minha ponte para atravessar grandes desafios. O seu jeito único e incomparável me move todos os dias. Te amo infinito, garoto.

Ao meu irmão Felipe. Nossa relação vai além do que se chama de fraternidade: somos amigos, apoio, vendaval e calmaria. Você é meu alicerce e meu riso. Não me deixe jamais, meu Pipiu.

À Beth, a mulher que me trouxe para Trancoso, acreditou em mim e me ensinou a pisar com delicadeza nessa terra. Levo comigo, para sempre, os ensinamentos sobre o verdadeiro luxo.

À Paula Figueiredo, uma das maiores responsáveis pela minha confiança. Você me mostrou que existem muitas formas de maternidade, e exerceu uma delas comigo. Obrigada pela paciência sem fim, por me ensinar a me vestir, a falar baixo (mesmo que eu ainda resista a isso), e até hoje me desafiar com sua calma.

À Cris, minha terapeuta, a mulher que transformou a minha história, que me ajudou a arrancar mil demônios e me conduziu à felicidade verdadeira. Te amo, Cris.

Prefácio

Mannu é daquelas pessoas que preenchem tudo. Impossível não notar a presença dela e a energia. Tem a força de um furacão e a simpatia de uma deusa. Deusa não, rainha. A Rainha de Trancoso é também uma mulher forte, determinada e sem limite de sonhos, nem de espaço. Competente e divertida, Mannu foi um presente que a vida na arte me deu. Trancoso não pode estar melhor representada. Ler este livro e saber mais um pouco da história dela é uma inspiração para viver e saber que sempre temos mais para fazer. Mannu, siga voando seus voos lindos, rasantes e profundos. Sua alma é leve e seu espírito é de guerreira!

Axé, minha amiga.

Daniela Mercury

Sumário

Parte 1: Trancoso e Mannu 13

Minha relação com Trancoso 15

Sempre fui uma mulher visionária 33

Valorização dos trabalhadores locais 53

Parte 2: Um lugar de sonhos chamado Trancoso 67

Casar em Trancoso 69

Parte 3: Foram muitos os eventos que pude concretizar e os sonhos que ajudei a realizar 93

Fazendo sonhos se tornarem realidade 95

Trancoso: a realização de um sonho de infância 109

Parte 4: Treinamentos, assessoria, consultoria e mentoria para eventos 133

O método Mannu Carvalho para o sucesso no mercado de eventos 135

Nunca fui de desistir de nada 165

Parte 5: Visão para o futuro e próximos passos 175

Realizações, sonhos e novos caminhos 177

O legado de uma vida dedicada ao amor por Trancoso 189

Galeria 195

PARTE 1

Trancoso e Mannu

MINHA RELAÇÃO COM TRANCOSO

Vou contar um pouco sobre como tudo começou quando, lá atrás, decidi mudar minha vida e me jogar de cabeça em Trancoso. Eu mal sabia que estava para viver uma das aventuras mais incríveis da minha trajetória – e acho que também mudei um pedacinho da história deste lugar tão especial e das pessoas que vivem aqui.

Naquele tempo, Trancoso já era cheio de charme, com uma alma que encantava quem chegava. Era comum ouvir histórias de artistas famosos, gente do Brasil e de fora, que se apaixonava tanto pela vila que comprava casas e fazia dali o seu refúgio, um pedaço do seu paraíso perdido. Mas, apesar de tanta energia, Trancoso ainda era meio tímido quando o assunto era fazer eventos.

O brilho da vila era lindo, mas sazonal. O verão chegava e tudo acendia como um farol. Tinha festa, tinha movimento, tinha vida pulsando. Só que bastava passar o Carnaval – ou, no máximo, a Semana Santa – que o cenário mudava. Era como se Trancoso tirasse um cochilo até o próximo verão. Muitos negócios fechavam as portas, esperando pacientemente pela alta temporada.

Trancoso sempre teve um tempo próprio, um movimento meio encantado, um ritmo que não se apressa para ninguém. Só que, naquela época, esse ritmo não era aproveitado o ano inteiro. Tinha uma faísca ali, pronta para virar um fogaréu forte, mas faltava alguém para dar o sopro certo.

Quando cheguei, com o coração cheio de sonhos e os olhos já vendo além do óbvio, ficou claro para mim que Trancoso não era só um destino turístico. Tinha muito mais ali. Eu via um palco perfeito para histórias memoráveis, festas que juntariam gente do mundo todo, momentos que fariam as pessoas guardarem o nome desse lugar no coração.

Então, percebi que eu não queria só viver ali. Queria trabalhar para que Trancoso fosse mais do que verão e Carnaval. Queria que respirasse o ano inteiro. Porque, muitas vezes, tudo que um lugar precisa é de alguém que enxergue além do que todos veem, veja todo o potencial que existe e tenha a coragem de fazer acontecer algo diferente.

Não digo que foi algo simples ou fácil, mas eu estava pronta para atiçar aquela faísca e criar uma chama que nunca mais se apagaria. Trancoso me deu um cenário mágico e eu procurei retribuir acreditando no que ele poderia ser. E, quando você acredita de verdade em algo, o mundo conspira para que tudo aconteça.

Uma homenagem às pessoas que ajudaram tudo a acontecer

Trancoso é um lugar que já nasceu cheio de encanto. Suas praias são deslumbrantes e temos ainda o Quadrado, com aquele charme único e uma energia que atrai gente de todo canto. Tanto é que, antes mesmo de eu chegar, Trancoso já recebia artistas, personalidades e famosos que vinham se refugiar nesse paraíso.

Quando Trancoso se tornou meu lar, eu não enxerguei só a beleza que todos viam. Acreditei que ela podia ser mais do que um destino turístico de temporada. Podia ser o palco dos eventos mais incríveis do Brasil – e, quem sabe, do mundo. E, mesmo sem saber onde isso ia dar, resolvi mergulhar de cabeça e sonhar grande.

Mas, deixa eu te dizer uma coisa: ninguém faz nada sozinho. Meu sonho não teria saído do papel se não fosse pelas pessoas que acreditaram nele comigo. Cada fornecedor, cada pousada, cada restaurante que disse "sim" e se uniu a essa jornada fez toda a diferença. A comunidade, sempre disposta a crescer junto, foi e continua sendo a base de tudo.

Esse esforço coletivo foi além da criação dos eventos; ele mudou vidas. Os casamentos e celebrações que criamos aqui trouxeram renda para muita gente, de muitas formas: dos vendedores de tapioca às comunidades indígenas, passando pelos artesãos que enchem os olhos dos turistas com suas peças únicas. Trancoso deixou de ser só um lugar lindo de verão para se tornar um dos destinos mais procurados do mundo para festas e eventos de alto padrão.

Hoje, Trancoso é mais do que um destino. É uma marca, um símbolo. É a prova viva de que, quando um lugar é cuidado com amor, ele floresce. Cada conquista que tivemos aqui não é só minha, é nossa, de toda a comunidade. É de um povo que acreditou em si mesmo, que teve coragem de sonhar comigo e que mostrou ao mundo o brilho único dessa terra.

E, agora, ao escrever este livro, sinto que estou fazendo um registro dessa transformação. Esta é também uma homenagem a cada pessoa que faz parte desta história, cada evento que nos ajudou a chegar até aqui, cada detalhe que contribuiu para que Trancoso se tornasse o que é hoje.

Mais do que um destino, Trancoso é um legado. Um legado que nos ensina que, quando pessoas, sonhos e propósitos se encontram, não existe impossível. É uma celebração de tudo o que já foi conquistado e um convite para continuarmos sonhando, avançando e honrando essa terra linda que nos deu tanto. É um lembrete de que cada passo que demos juntos mostrou do quanto somos capazes, guiados pelo amor, pela fé e pela conexão com nossas raízes.

Trancoso é um presente lindo para todos nós. E eu sou muito feliz por fazer parte desta história.

Hoje ajudo a todos, assim como fui ajudada

Neste livro, quero sentar com você e contar algumas coisas muito importantes sobre como trabalhar com eventos. Aqui eu compartilho a minha história, meus aprendizados e a certeza de que empreender é mais do que concretizar os próprios sonhos: é abrir caminhos para que os sonhos de outros também se tornem possíveis.

Quando olho para trás e vejo tudo o que já vivi, percebo que cada passo dado teve um propósito maior. Nunca foi só pensando em mim. A minha caminhada sempre foi marcada pelo desejo de transformar o mundo ao meu redor e colaborar com as pessoas que cruzaram o meu caminho. É por isso que hoje faço questão de dizer que ajudar Trancoso a se tornar o destino de celebrações que é agora não foi obra minha, mas uma construção de todos, alimentada por sonhos compartilhados e por uma vontade genuína de crescermos com essa terra e seu povo.

Quando cheguei a Trancoso, não tinha muitos planos, não tinha claro o que iria fazer aqui. O que eu trazia era uma fome de vencer e uma visão de que este lugar tinha muito mais do que lindas paisagens e um povo acolhedor. Trancoso me parecia um campo de novas possibilidades e, ao mesmo tempo, me desafiava a acreditar que era possível plantar aqui algo que florescesse o ano inteiro. E foi justamente isso que fizemos: unimos forças, somamos talentos e transformamos muitas oportunidades em realizações de verdade.

Aprendi, ao longo dessa jornada, que o verdadeiro sucesso só faz sentido quando é compartilhado. Quanto mais eu ajudo pessoas ao meu redor a realizarem seus próprios sonhos, mais percebo os meus sonhos se realizando diante de mim. Existe algo de especial e poderoso em ver o brilho nos olhos de quem alcança o que achava impossível. E isso me deixa muito feliz. Sinto que a vitória dessas pessoas se transforma também em uma vitória minha.

Essa troca, essa parceria, é o que define o espírito de Trancoso hoje. O que antes era um refúgio sazonal se tornou um destino desejado por pessoas do mundo inteiro, e isso só aconteceu porque houve uma união de esforços. Cada casamento, cada celebração que acontece aqui, gera uma rede de impacto que vai muito além do glamour. É a tapioca que vende mais na barraca, o artesanato que ganha valor, o emprego que sustenta uma família, o sorriso de quem vê sua vida mudar.

Eu costumo dizer que, para chegar aonde sonhamos, não é só preciso trabalhar muito, mas trabalhar com paixão. É preciso acreditar, mesmo nos dias difíceis, que o futuro pode ser diferente. E, olha, eu sei bem o que é enfrentar dias difíceis. Já vivi tempos em que tudo parecia um grande "não" – uma barreira intransponível. Mas nunca aceitei que aquela realidade fosse definitiva. Sempre enxerguei lá na frente, me via em um lugar melhor, com mais equilíbrio, com mais possibilidades.

Mais do que realizar meus sonhos, o que me movia mesmo era vencer. Isso sempre foi uma determinação minha. E eu venci. Mas reconheço que nunca foi sozinha. Cada conquista minha teve o apoio, o carinho e a colaboração de pessoas que acreditaram em mim, que estiveram ao meu lado. Hoje, eu faço questão de retribuir, ajudando o maior número possível de pessoas a também alcançarem suas próprias vitórias.

Se tem algo que aprendi com essa caminhada é que nada é impossível. Não importa o tamanho do seu desafio ou o lugar onde você está agora. Se você sonha e acredita, e se cerca das pessoas certas, pode ter certeza: você consegue. Pode levar tempo, pode exigir esforço, mas cada passo dado com fé e determinação é um passo mais perto do topo.

Minha história é a prova de que a vida pode mudar para melhor. Basta você decidir não aceitar o que não te faz bem e acreditar, de todo coração, que merece algo maior. E, quando alcançar seus sonhos, lembre-se de olhar ao redor e estender a mão para ajudar alguém a realizar os seus também. Afinal, o verdadeiro sucesso é aquele que compartilhamos. É isso que deixa um legado. E é isso que eu desejo para você: que seu sucesso seja grande e inspire, motive e transforme não só a sua vida, mas a de todos ao seu redor.

Eu costumo dizer que, para chegar aonde sonhamos, não é só preciso trabalhar muito, mas trabalhar com paixão. É preciso acreditar, mesmo nos dias difíceis, que o futuro pode ser diferente.

M

De onde vim e para onde vou

Às vezes me sento, no fim da tarde, e fico olhando o pôr do sol, sentindo aquela brisa gostosa no rosto. Meu coração começa a bater mais lento e sinto minha alma cheia de gratidão. É assim que eu me sinto quando penso em como minha vida se transformou nos últimos dez anos. Muitas vezes parece até que estou vivendo um sonho; mas já é um sonho realizado, que abriu portas para outros ainda maiores. Então, sinto que isso é só o começo de muitas outras coisas que quero realizar.

Quando cheguei a Trancoso, eu trazia um olhar sonhador, mas também um jeito de ser de quem arregaça as mangas e faz acontecer. Não foi fácil, não. Foi trabalho duro, suor, lágrimas, mas também muita união, parceria e aquela energia que só a gente do Nordeste sabe: a de tirar leite de pedra mesmo. Eu trouxe comigo o desejo de transformar a minha vida e a de quem estivesse por perto. E, com o tempo, percebi que essa missão não era só minha. Ela foi crescendo, ganhando força com pessoas incríveis que cruzaram o meu caminho, gente que acreditou na mesma visão que eu tinha.

O que aprendi nesse processo é que ninguém faz nada sozinho. Você até pode conquistar algumas coisas por conta própria, mas quando soma forças com pessoas boas, com gente que também quer deixar um legado bonito nesse mundo, os resultados são multiplicados. Foi assim que Trancoso se tornou o que é hoje: um destino desejado, não só pelo glamour dos casamentos e festas, mas por ser um lugar onde sonhos se realizam, onde vidas se transformam.

Aqui está uma coisa que você precisa ter na mente e no coração: oportunidade a vida sempre dá. O problema é que a gente nem sempre está pronto para agarrar. E, se tem uma coisa que aprendi, foi que a pessoa que quer vencer precisa ser determinada, ter foco, trabalhar e, acima de tudo, acreditar que, com resiliência, tudo é possível. Não adianta só querer crescer; é preciso estar disposto a crescer com os outros, a estender a mão, a não deixar ninguém para trás.

Quando me perguntam o segredo do sucesso, eu gosto de responder com cuidado, porque sei que cada um tem seu próprio caminho. Mas digo que o básico é simples: você precisa descobrir, lá no fundo de seu ser, qual é o seu propósito. Pergunte ao seu coração, porque ele sabe. Depois disso, assuma o compromisso com esse propósito e faça dele sua razão de viver. E, por último, coloque 120% da sua energia, da sua dedicação, em cada passo que você der. Não é simples, eu sei. Mas algo que a vida me ensinou muito bem é que a gente sempre pode transformar as dificuldades em oportunidades.

Eu aprendi cedo o valor da superação. Minha infância não foi fácil. Minha mãe, apesar de ser uma mulher incrível, não era daquelas que faziam carinho ou participavam de reuniões escolares. Hoje, olhando para trás, entendo que ela fazia o que podia com o que tinha aprendido, e que sua maior preocupação era me preparar para vida. Ela queria que eu soubesse me virar, caso algo acontecesse com ela. E, olha, que preparo! Foi essa criação que me deu a força que tenho hoje, que me ensinou a ser resiliente, a nunca aceitar um "não" como resposta definitiva.

Essa força me trouxe até aqui e hoje eu vejo o quanto valeu a pena. Minha vida em Trancoso é um exemplo disso. Não foi apenas para construir uma carreira ou um negócio, mas sim a construção de um ecossistema para promover esse local maravilhoso. Ao longo desses anos, me vi mediando conflitos, chamando empresários para conversar, dizendo: "Olha, pensar só no seu bolso te faz pequeno. Vamos pensar grande... Vamos pensar no coletivo, no que a gente pode fazer junto". Acredite, essa mentalidade mudou vidas, mudou histórias. E mudou minha vida e minha história também.

Para mim, Trancoso não é só um lugar bonito; é um símbolo de tudo que é possível quando a gente trabalha com paixão, com propósito e, principalmente, com parcerias. Não foi fácil trazer todo mundo para essa mesma sintonia. Muitas vezes precisei interferir, ajustar a rota, mostrar que juntos somos mais fortes. Mas foi exatamente isso que tornou essa jornada tão gratificante.

Hoje, quando vejo tudo o que construímos juntos, o sentimento é de orgulho. Orgulho por ter sonhado, acreditado e ajudado tantas pessoas a realizarem seus próprios sonhos. Porque, no fim das contas, é isso que fica: o impacto que você gera na vida dos outros.

Para mim, Trancoso não é só um lugar bonito; é um símbolo de tudo que é possível quando a gente trabalha com paixão, com propósito e, principalmente, com parcerias.

E se você está aí, lendo isso, com um sonho no peito e uma dúvida na cabeça, não desista, não. A vida pode ser dura, mas ela também é generosa com quem acredita, com quem tem coragem de carregar os fardos e seguir em frente. Lembre-se: quanto mais forte você se torna, mais longe você pode ir. E eu estou aqui, como amiga e mãe, para te dizer que o impossível só existe para quem desiste.

Uma infância difícil e um caminho cheio de obstáculos

Minha mãe sempre foi uma mulher à frente do seu tempo, mas com uma vida marcada por decisões difíceis e fardos pesados. Eu cheguei ao mundo em meio a uma situação complicada. Mãinha engravidou de um homem casado, já com outra família e filhas adultas. Quando minha avó descobriu, a revolta foi grande. Ela expulsou minha mãe de casa. Não porque não a amasse, mas porque era assim que ela tinha aprendido a lidar com o que chamavam de "desaforo". Hoje, entendo que ela também era vítima do jeito de pensar das pessoas naquela época.

Minha mãe, sozinha e sem condições, teve que se virar para me criar com muito esforço e sacrifício. Trabalhou como locutora na rodoviária – uma profissão que eu acho tão linda, mas que para ela era só sobrevivência. Enquanto estava lá, anunciando partidas e chegadas, meu tio Júnior, ainda muito jovem, cuidava de mim.

Foi em um desses dias que Raimundo entrou em nossas vidas. Minha mãe conheceu esse homem que, com o tempo, veio a ser muito mais do que meu padrasto. Ele se tornou um verdadeiro pai para mim. Era um homem generoso, que me acolheu, sem me fazer sentir diferente por não ser sua filha de sangue. Isso me marcou profundamente. Ele já tinha dois filhos e, claro, como em qualquer família, tinha briga de irmãos – mas era briga de besteira, nada que deixasse cicatriz.

Apesar do alento que Raimundo trouxe, minha mãe ainda era uma mulher marcada por um mundo que não lhe deu folga. O afeto dela era uma coisa difícil de enxergar. Não que ela não me amasse, mas simplesmente não sabia como mostrar isso. Anos de trabalho pesado e preocupação em manter o básico acabaram deixando as demonstrações de carinho em segundo plano. Ela nunca teve tempo para ir a uma reunião escolar, ou um passeio no fim de semana, ou me levar ao aniversário de um coleguinha. Mas hoje, depois de muita terapia, eu entendo: ela tinha um medo visceral de morrer e me deixar desamparada. E foi por isso que ela me ensinou, desde pequena, o valor de trabalhar e me virar por conta própria.

Lembro como se fosse hoje: saía para vender os doces que ela fazia. Depois, quando fui para escola, comecei a vender sanduíches. E, olha, vendia tanto que muitas vezes acabava vendendo inclusive o meu próprio lanche. Até na faculdade isso continuou! Se alguém elogiava meu relógio ou uma roupa que estivesse usando, eu já perguntava: "Quer comprar?". Para mim, tudo era oportunidade. Aprendi a transformar qualquer situação em um negócio. Era um jeito de me sentir no controle, de saber que eu podia dar conta de qualquer situação.

Isso tudo me fez forte. Mas ser forte não é algo que vem sem peso, né? Por muitos anos, carreguei o sentimento de que algo estava faltando – talvez um abraço mais longo, uma palavra mais doce, uma demonstração de afeto mais explícita. Só que, com o tempo, especialmente depois de entrar em contato com minha história em sessões de terapia, percebi que minha mãe me deu tudo o que podia. E o que ela me deu de mais valioso foi a resiliência, a capacidade de me levantar depois de qualquer tombo e de fazer acontecer, mesmo quando o cenário parecia o mais complicado possível.

Hoje, quando olho a minha vida, vejo que a dureza da minha infância foi mesmo uma grande escola. Aprendi a "tirar leite de pedra" desde muito cedo. Aprendi que, por mais que o mundo seja áspero, a gente pode usar a própria alma e, com isso, tocar a vida das pessoas ao nosso redor. E o mais bonito disso tudo é que consigo enxergar na minha história não só as dificuldades, mas também os presentes que recebi ao longo do caminho.

Minha mãe me ensinou a ser independente. Meu padrasto me ensinou que o amor pode vir de lugares inesperados. E a vida me ensinou que, mesmo quando o afeto não é dito em palavras, ele pode ser expresso em ações – como no esforço de uma mãe que nunca faltou com o básico, mesmo que às vezes tenha faltado com o abraço.

Por isso, hoje eu olho para minha história com gratidão. Não foi fácil, mas foi exatamente do jeito que precisava ser para eu me tornar quem sou. E, como uma boa nordestina, aprendi que, mesmo quando a vida só dá mandacaru, a gente é capaz de encontrar flores. Afinal, ser forte é isso: transformar o pouco em muito, o difícil em aprendizado e o amor silencioso em um legado de resiliência.

Desafios e lições aprendidas desde a infância

Minha infância foi um vai e vem sem fim, carregando mais incertezas do que certezas. Foi uma fase da vida em que aprendi, na luta, o que era responsabilidade e resiliência – que às vezes eu chamo de teimosia. E quer saber? Por mais que tenha sido duro, eu sou grata, porque foi isso que me fez ser quem sou hoje.

Minha mãe, mulher forte que só ela, era também costureira. E eu ficava ali do lado dela, observando cada detalhe do que ela fazia, sonhando em ser notada por ela, e quem sabe até mesmo ganhar um abraço. Eu ajudava no que podia: ia comprar botões, zíperes, linhas, com aquela famosa recomendação que até hoje ressoa na minha cabeça: "Vá lá e resolva. Se você não resolver, ninguém vai. Não volte sem ter resolvido".

No começo, eu achava que aquilo era dureza demais, sabe? Mas, no fundo, era o jeito dela de me preparar para a vida. Minha mãe não sabia expressar afeto com abraços ou palavras doces, mas, pelas dificuldades que me colocava, ela estava me ensinando que a vida não seria fácil e que eu precisava ser forte para enfrentar o que viesse pela frente.

Cresci assim e não demorou muito para eu ter de enfrentar um grande desafio: aos 16 anos, me tornei mãe. Então, me tornei uma menina cuidando de um menino. E eu tinha um sonho: ter uma família, uma casa cheia de amor, marido e filhos. Achei que o casamento fosse a resposta para isso, mas, como muitas vezes acontece, a realidade foi outra. O casamento não deu certo e lá estava eu: mãe solteira, sem dinheiro e sem rumo. Mas quer saber? Não tive tempo de me vitimizar. Me ergui e olhei para frente, pronta para enfrentar o que viesse.

Mannu e Etielson.
Foto: arquivo pessoal.

Hoje, quando as pessoas olham para minha trajetória e perguntam: "Mannu, como você começou? Qual foi sua motivação?", eu sempre digo com toda honestidade: "Minha motivação foi a necessidade". Não era sonhar grande, era sobreviver. Mas, no meio disso, descobri uma paixão, um propósito, algo que transformou minha vida.

E sabe o que é mais bonito? Cada casamento que faço hoje é uma celebração da vida, da superação e do amor. Eu, que sempre sonhei com uma família unida e cheia de carinho, hoje ajudo outras pessoas a realizar esse sonho. Cada casamento que passa por mim me lembra que, não importa o quanto a vida nos desafie, sempre existe um caminho para recomeçar.

Então, se eu posso deixar um recado aqui, é este: nunca subestime a força que a necessidade pode trazer. Às vezes, a vida tira tudo da gente para abrir espaço ao que realmente importa. Eu sou prova viva disso e cada etapa dessa jornada, por mais difícil que tenha sido, me trouxe até aqui. E aqui é o meu lugar de muita felicidade e gratidão.

Meus primeiros passos em Trancoso

Em Trancoso, comecei vendendo hospedagem, porque era o que eu tinha nas mãos naquele momento. Na época, minha vida financeira estava uma bagunça e eu sabia que se não me movimentasse, se não fizesse alguma coisa que valesse a pena, não iria conseguir resolvê-la. Então, eu ficava o tempo todo de olho para ver se surgia alguma oportunidade.

Quando o meu trabalho com venda de hospedagem estava dando muito certo, recebi outro golpe: meu namorado, que era filho da dona da pousada em que eu trabalhava, me demitiu. Fui dispensada por ele por puro despeito, poucos dias antes do meu aniversário, porque ele não aguentou ver o meu sucesso.

Foi quando comecei a me envolver com cerimônias, porque foi o que apareceu para eu fazer naquele momento. No começo, era só trabalho. Mas, aos poucos, fui descobrindo algo encantador em fazer eventos: eu tinha a chance de transformar os sonhos das pessoas em realidade. Era mais do que planejar festas, era participar de histórias de amor, conectar famílias, criar momentos que ficariam guardados para sempre no coração das pessoas.

À medida que eu trabalhava com casamentos e me envolvia em todo o processo de comemorações, fui me apaixonando por essa atividade, principalmente porque eu via novas famílias nascendo, ajudava as pessoas a realizar seus sonhos e via em seus olhos aquele brilho de felicidade imenso. E eu ainda era paga por isso.

Aos poucos, também fui percebendo que havia uma quantidade enorme de empregos e atividades que estavam sendo gerados à minha volta, devido ao trabalho que eu fazia. Não dava para negar, não tinha como eu não me apaixonar por essa profissão. O que começou por necessidade virou paixão e depois amor. Como em um casamento mesmo...

Mas, até chegar a Trancoso e me estabelecer nos negócios, foi uma longa caminhada, com altos e baixos, sucessos e fracassos, e uma batalha constante para superar as dificuldades. O meu primeiro negócio foi uma loja de noivas, que tive por 15 anos. Eu ia para São Paulo, na rua São Caetano – a tradicional "rua das noivas"–, comprava vestidos de noiva e alugava.

Depois disso, tive muitos outros negócios... Fui colunista social de um jornal; tive uma empresa de eventos corporativos, na qual eu vendia uma palestra, contratava o palestrante e realizava o evento; e também tive um bloco de micareta, que é um carnaval fora de época. Fiz ainda muitas outras coisas, participei de vários negócios, todos ideias de última hora que fui lá e executei. Alguns deram certo durante um bom tempo, outros não.

Depois tive um restaurante japonês, de nome Suri, que começou na Bahia. Só que eu casei novamente e o marido era de Brasília, então fomos morar lá. Levamos o restaurante, mas foi quando tudo deu errado de vez. Para resumir, posso dizer que quebrei várias vezes, em muitos negócios, mas nenhuma quebra foi tão grave quanto essa. Foi quando acumulei um milhão e meio em dívidas e 33 processos trabalhistas.

Decidi ir para Trancoso para tentar a sorte. Foi o que me pareceu mais dentro das minhas condições, naquela época. E então me apaixonei por um rapaz e acabei ajudando no negócio da família dele, que era uma pousada no litoral. Como o Beach Club era de propriedade da pousada, a família do meu namorado me chamou para trabalhar com eles. Resolvi aceitar e me mudei para Trancoso, só com a cara e a coragem, com um salário de 4 mil reais, depois de ter sido empreendedora e de ter tido mais de 30 funcionários.

Como eu tinha muitos processos trabalhistas, precisei usar o nome do meu filho para poder receber o meu salário. Para isso, tive que emancipá-lo e passei a usar o seu CPF até conseguir pagar todas as minhas dívidas, voltar a ter o meu CPF limpo e poder colocar as coisas no meu nome.

Nesse trabalho eu observava tudo, procurava saber de cada detalhe e aprender com os funcionários da pousada. E buscava não repetir ali os erros que eu havia cometido em meu restaurante.

Com algumas poucas ideias que tive para os negócios, consegui quintuplicar o faturamento deles na praia. Eram ideias simples, mas que deram muito certo e fizeram uma enorme diferença nos negócios. Por exemplo, aproveitando uma época em que o Neymar estava passando o

Réveillon em Trancoso, coloquei na praia guarda-sóis com o nome dele e consegui vender todos, com um valor de consumação bastante alto. Assim, aproveitando as oportunidades e sendo criativa, conseguia potencializar os negócios na praia: um dia o foco era o Neymar, no outro era o Pato, em outra ocasião, o Neymar de novo. Os resultados que conseguia só aumentavam, e eu sempre procurava novas ideias e boas oportunidades para fazer o meu trabalho ainda melhor.

Logo no começo, quando eu ainda estava chegando em Trancoso, Elisabeth Gavioli, fundadora da Pousada Estrela D'Água, que foi a pessoa que me chamou para morar lá e se tornou minha mentora, me disse uma coisa que nunca esqueci: "Trancoso, quando não aceita alguém, expulsa. A energia daqui é tão forte que, se não for para a pessoa ficar, ela será expulsa em até seis meses".

Isso me deixou ansiosa no início, mas assim que os seis meses passaram e minha vida em Trancoso continuou seguindo no rumo certo, eu soube, no fundo do coração, que ela mudaria definitivamente ali. Percebi que algo especial estava reservado para mim naquele lugar e sou muito grata por isso.

Quando comecei a trabalhar na pousada, entendi que essa era uma chance de começar a superar a crise financeira que eu estava vivendo na época, limpar meu nome e buscar um mínimo de dignidade para viver. No entanto, mesmo nos momentos de maiores dificuldades, o que sei com certeza é que nunca passei por cima de ninguém, nem prejudiquei quem quer que fosse para alcançar meus objetivos. Tudo o que consegui foi sempre conquistado com muito respeito, gratidão, ética e solidariedade. Sempre me preocupei não apenas comigo, mas com todas as pessoas ao meu redor.

Minha vida nunca foi fácil, não, nunca foi um mar de rosas. Mas nunca deixei que o pessimismo e o derrotismo tomassem conta da minha cabeça. Eu sempre me vi realizando grandes feitos e nunca enxerguei a possibilidade de falhar. Cada novo negócio, cada novo projeto que iniciava eu visualizava somente com potencial para dar certo. Isso, sem dúvida alguma, tem gerado resultados maravilhosos ao longo da minha vida.

Nunca deixei passar uma oportunidade

Meu sucesso em Trancoso se deve sobretudo a algo que considero muito importante: nunca deixei passar nenhuma oportunidade que surgiu. Desde a primeira vez que pisei nesse paraíso, agarrei todas as chances que apareceram. A primeira foi aceitar o emprego na Pousada Estrela D'Água, apesar de não entender nada de turismo. A segunda foi quando Isabel Cabral me convidou para organizar seu casamento, mesmo eu não tendo experiência na área. Ela confiou em mim e me pagou o mesmo valor que pagaria a uma assessora experiente, além de me orientar a estudar no Google o que eu não sabia. Esse primeiro casamento que fechei acabou se tornando um dos mais importantes da minha vida.

Quando passei a organizar casamentos, eles aumentavam rapidamente em quantidade, à medida que meu trabalho ficava mais e mais conhecido. Percebi então que nada é impossível se for feito com dedicação, força, coragem e, principalmente, oferecendo qualidade e reconhecendo o esforço de todos os colaboradores. Trancoso é um lugar que exige excelência no que você faz. As pessoas pagam bem, mas esperam muito em troca. E essa excelência se tornou o ponto mais forte de todos os negócios que realizo.

Três meses depois de iniciar meu trabalho na Pousada Estrela D'Água, me tornei gerente-geral. Pedi um aumento e disseram que não podiam conceder aquele valor ainda. Mas dobraram o meu salário e me puseram algumas metas quase imbatíveis, dizendo que quanto mais eu as batesse, mais dinheiro ganharia. Finalmente, quando fui demitida da pousada eu já estava ganhando quase 50 mil reais por mês. Ou seja, não existe meta imbatível quando você tem dedicação, foco, resiliência e determinação. Com isso em mente, concentrei meu foco e meus esforços e me tornei assessora para casamentos em Trancoso – naquele momento era a minha única opção, mas, como sempre procuro encarar tudo de modo positivo, também vi ali uma boa oportunidade.

Pouco antes de sair da pousada eu tinha mandado meu filho para um intercâmbio no Canadá, pois queria muito que ele falasse inglês, o que era um sonho meu de infância. Então, essa era mais uma razão para eu me reposicionar logo na minha vida profissional, de modo a poder manter em ordem todas as despesas do dia a dia.

Sempre procurei cumprir todos os meus compromissos, por mais dificuldades que eu estivesse enfrentando. Ainda assim, nunca deixei de ir em busca dos meus sonhos. Trabalhei tudo o que foi preciso e até mais, para fazer tudo o que sonhava, mas sempre buscando cumprir o que eu assumia, sem prejudicar ninguém. Eu tinha e tenho uma visão positiva de futuro e sempre me baseei nisso para fazer tudo na vida.

Inclusive, lembro muito de um fato que aconteceu quando eu estava começando a ganhar dinheiro, uma espécie de teste, que exigiu coerência e respeito com as pessoas, e aguçou ainda mais minha visão de negócios.

Um pouco antes de ser demitida, meu filho veio me visitar, de férias. Eu tinha comprado um carro havia pouco tempo e deixei que ele o usasse. Na verdade, fiquei um bom tempo andando a pé, porque meu ex-marido tinha vindo buscar o carro que eu havia trazido de Brasília, mas era financiado no nome dele.

Foi então que conheci um rapaz que tinha um carro e não estava conseguindo pagar as prestações. Começamos a conversar, falei que eu estava sem carro, porque meu marido tinha tomado o meu, e ele propôs passar o carro dele para mim, desde que eu assumisse as prestações com a financiadora. Paguei uma entrada para ele, assumi as parcelas restantes e trouxe o carro para casa. Fiquei com um veículo no nome de uma pessoa que eu mal conhecia.

Enfim, deixei o carro com meu filho e um dia ele capotou e o destruiu. E não tinha seguro. Tive que ficar pagando as prestações, mesmo com ele capotado. Mandei consertar, mas é claro que não ficou muito bom. Dava apenas para usar como transporte, sem esperar muito dele. Minha ideia era usá-lo até que eu pudesse comprar um carro novo. Mas, mesmo assim, jamais deixei de cumprir os pagamentos que tinha combinado com o antigo dono.

SEMPRE FUI UMA MULHER VISIONÁRIA

Sempre fui uma mulher visionária e inovadora, movida por sonhos grandes e coragem ainda maior. Desde menina, tinha essa inquietação dentro de mim, aquela vontade de transformar o que parecia impossível em realidade. Hoje, olho para minha trajetória como empreendedora e vejo o quanto valeu a pena acreditar, persistir e, principalmente, nunca me acomodar.

Não foi fácil. Venho de uma infância marcada por escassez e conflitos familiares, de um cenário onde tudo apontava para a dificuldade. Mas sabe o que eu aprendi? Que o lugar onde você começa não determina aonde pode chegar. Acreditei nisso com toda a minha força e transformei desafios em degraus. Subi cada um deles com garra e determinação, até conquistar meu espaço no mundo dos negócios.

Hoje, tenho orgulho de dizer que sou referência em eventos e turismo, não só em Trancoso, minha amada Bahia, mas também em muitos outros lugares pelo Brasil. Ver meu trabalho impactando vidas, movimentando economias locais e criando memórias inesquecíveis é o que me faz sentir que cada esforço valeu a pena.

O que me move, sempre, é a paixão por criar experiências únicas, aquelas que ficam gravadas na memória das pessoas. Casamentos mágicos, eventos corporativos impecáveis, momentos pensados nos mínimos detalhes. É isso que faço, e faço com amor. E não apenas por mim, mas por tudo que acredito que o setor de eventos pode representar: conexão, transformação e realização.

Ao longo dessa caminhada, entendi que sucesso não é só o que conquistamos, mas o que devolvemos ao mundo. Foi por isso que decidi ir além. Hoje, além de liderar meus empreendimentos, dedico parte do meu tempo a compartilhar o que aprendi. Quero ver mais pessoas prosperando, alcançando seus objetivos e descobrindo que, sim, é possível transformar sonhos em realidade, mesmo nos mercados mais desafiadores.

Foto: Eyla Mariely Lima Nogueira.

Por meio dos meus cursos, palestras e mentorias, divido tudo o que a vida e o trabalho me ensinaram. Porque acredito que o conhecimento é ainda mais poderoso quando compartilhado. Quero ajudar você a explorar todo o seu potencial e construir a carreira que merece, com base em propósito, estratégia e paixão.

Quero mostrar não só os bastidores do mercado de eventos, mas também as lições de vida que me trouxeram até aqui. Este é um universo desafiador, sim, mas também generoso e cheio de possibilidades. E, se você está disposto a se entregar de verdade, ele pode transformar sua vida. Assim como transformou a minha.

A vida é um eterno aprendizado e temos muitos mestres

Quem me conhece sabe bem: sou intensa demais, passional demais, emotiva demais, mas também sou tão humilde quanto é possível ser. Tão humilde a ponto de confessar que, quando subo em um palco, costumo tremer tanto que quase não consigo falar.

O que me move, sempre, é a paixão por criar experiências únicas, aquelas que ficam gravadas na memória das pessoas. Casamentos mágicos, eventos corporativos impecáveis, momentos pensados nos mínimos detalhes. É isso que faço, e faço com amor.

Por isso, quando me preparo para dar uma palestra, sempre peço orientação ao meu amigo Vinicius Favale, um grande incentivador e um sucesso nas apresentações. Ouço o meu filho Etielson, quando ele fala: "Mãe, pelo amor de Deus, não vai falar assim, não conta isso...", e lembro do que Caio Rehem, meu grande amigo e sócio por muitos anos, sempre complementa: "Não adianta falar isso... Porque ela vai chegar lá e fazer do jeito dela". E, por fim, me rendo aos conselhos de Oceara, que sempre me deu várias dicas de como fazer uma apresentação no palco.

Logo, apesar de toda a minha emoção saindo pelos poros, subo ao palco e em menos de 10 minutos já estou me sentindo em casa. Porque vejo no olhar das pessoas a admiração pela minha história, a curiosidade em saber mais e mais. E assim, quando sou aplaudida no meio da palestra, vejo o quanto Deus é perfeito e agradeço muito.

A vida é um eterno aprendizado. Dia após dia, você tem sempre que lidar com algo inesperado, algo que machuca, algo difícil, mas é sempre você quem decide o rumo da sua trajetória, o seu destino, como a história acaba, mesmo que dependa de outras pessoas. Por isso sempre aconselho: não desista, mude a rota, dê meia-volta, reinvente-se, reinvente-se novamente, nunca desista.

O sucesso, seja na vida profissional ou pessoal, depende de dedicação, comprometimento. Então, comprometa-se com a sua causa, com o seu trabalho, com o seu sonho. Um dia tudo dá errado, no outro dá tudo certo. Só depende de você seguir em frente.

Não se avexe, não! É assim mesmo: um dia a gente tá na "M", não entende o porquê de tudo dar errado, mas no outro, tudo fica melhor. Apenas levante a cabeça e siga firme o seu passo, sem passar por cima de ninguém, sem magoar ninguém, sem transpassar o que é direito do outro, sem usar ninguém de escada. Simplesmente olhe para a frente e faça o que tem de ser feito, siga adiante, preocupe-se unicamente com a sua consciência.

Viver de verdade é isso... É ser intensa em tudo o que faço. Muitas vezes isso atrapalha... Mas é o meu jeito de viver. Eu sempre quero entregar o melhor para todos e é isso que tento passar todos os dias para a minha equipe, tanto os fixos quanto os que trabalham somente nos eventos. A gente tem que fazer valer a pena. Tem que ter no coração a certeza de que está dando o seu melhor.

Amo meu trabalho, amo minha equipe e amo esses queridos noivos que entregam os seus momentos mais importantes para eu cuidar.

É assim que penso, assim que faço, assim que sigo. Essa é a minha história. E estou realmente feliz com o resultado.

• Mãinha

Meu coração sempre bate mais forte quando falo em mãinha. Ela que, com toda garra do mundo, me teve em circunstâncias tão desfavoráveis, mas me teve, e com toda dificuldade me criou. Sempre me ensinando que com muito trabalho e dedicação eu chegaria a algum bom lugar, que ela nem sabia direito me explicar qual era; só queria que eu fosse doutora...

Bem, mãe, eu fiz Direito, mas me tornei doutora em eventos (risos). Basta acreditar que esse doutorado existe; como você costuma dizer "o poder tá na mente". Por isso digo sempre: obrigada por tudo; fomos escolhidas uma para a outra.

Hoje sei bem que não é fácil ser mãe. Você se reinventa diariamente e ainda não sabe se vai dar certo. Sem dúvida, a tarefa mais complexa já inventada. Então, mãinha, obrigada por ter me dado a vida, me ensinado a ser forte, resiliente, e a buscar meus sonhos sem desistir nunca. Obrigada por me ensinar a não aceitar o "não" sem tentar o "sim" até ter certeza de que não era possível. Você tem um papel mais que fundamental em tudo o que me tornei... E olha que tenho muito orgulho de mim!

• Meus dois pais

Eu tive dois pais. Convivi com um deles, o que casou com minha mãe quando eu ainda era bem pequena, e ajudou a me criar. Já com o meu pai "que me fez" eu não convivi muito, mas sempre soube de sua existência, e da de minhas irmãs.

Por muito tempo isso era confuso dentro de mim. Uma coisa que parecia clara e resolvida internamente, na verdade, não era. E eu acabava buscando o "modelo de família normal" em outras pessoas ou famílias. Até que, graças ao tempo, que é o melhor remédio, e muita terapia, consegui aceitar que essa é a minha história, que ela é linda, e que fui amada pelos dois, muito amada...

Nem sempre temos a vida que gostaríamos de ter, mas hoje eu sei que todos me deram o que havia de melhor para dar. Baseada nisso, mesmo sendo mãe aos 16 anos e não continuando casada com o pai do meu filho, sou grata por ele ter me dado meu maior tesouro.

O pai é uma figura importantíssima para qualquer pessoa, mesmo que ela não saiba. Por isso, perto ou longe, saber que ele existe faz toda diferença. Mesmo com essa aparência de mulher forte, que pode tudo, hoje eu adoraria poder almoçar com cada um de meus pais e perguntar sobre várias coisas que não aprendi com ninguém, ou até mesmo dividir com eles o que aprendi.

Por fim, ambos me deixaram irmãos, que são muito importantes para mim, principalmente após tantos entendimentos que tivemos. Hoje, eu me conecto com meu pai de sangue por meio das minhas irmãs e consigo entender de onde vieram tantas características minhas. E todos os dias agradeço a Deus por elas existirem em minha vida.

Então, família é amor. Não tem modelo exato ou formato, mas isso não importa, desde que exista amor. Juntos ou separados, antes ou depois, em pessoa ou por intermédio de seus descendentes, a regra é aceitar, entender e amar.

• Etielson

Meu filho, minha família... Meu Etielson. Chamo ele de "meu bebê". Imagine, um homem daquele tamanho! Quantas coisas vivemos juntos até aqui. Como é bom ser mãe dele, um menino incrível, de quem só tenho orgulho e gratidão. O maior amor da minha vida. Uma prova incontestável do quanto Deus cuida de mim.

Etielson e Mannu.
Fotos: Eyla Mariely Lima Nogueira e Quelvin Clécio.

Quando ele chegou, eu era uma criança, com apenas 16 anos. E vieram todas aquelas críticas tradicionais do povo que gosta de falar. Diziam: ser mãe agora vai acabar com sua vida, seus sonhos, com a faculdade... Fui proibida de andar com várias amigas, pois "eu não era boa influência"; fui proibida de ir à igreja que eu frequentava, pois "estava em pecado"... E assim por diante.

Mas vejo hoje o resultado de ter enfrentado com coragem todas essas coisas. A maternidade me trouxe a joia mais preciosa que alguém poderia ter. Um filho lindo por dentro e por fora, que tem saúde física e mental, que se tornou meu melhor amigo, que cuidou de mim quando estive operada, que tem uma personalidade forte e encantadora. Que bate de frente comigo quando necessário, mas me explica por que pensa daquela maneira, e respeita minha maneira de pensar quando não consegue mudar... Alguém que ama o próximo, sociável ao extremo (não sei a quem puxou), que trata todos com o mesmo respeito independentemente de cor, gênero ou classe social... E se eu for ficar escrevendo os adjetivos aqui, vou longe (risos de mãe orgulhosa).

Meu filho veio ao mundo e mudou o meu caminho, me fez ter força em muitos momentos ou quase todos, e me enche de orgulho o tempo todo. Definitivamente, minha melhor versão. Faço questão de estar sempre ao seu lado, apoiando e amando essa pessoa tão linda. Ele sempre foi um divisor de águas na minha história, o meu fruto, o meu legado, e cada vez que olho para ele sinto um orgulho inexplicável de mim mesma, pois ele é meu maior acerto.

• O casamento de dois meninos lindos

Minha compreensão sobre o significado de família aumentou, depois que fiz o meu primeiro casamento de dois meninos lindos. Um casal que conquistou meu coração e que trouxe um significado muito especial para minha vida.

Enquanto preparava o evento deles, finalmente consegui resolver minhas carências internas de uma família tradicional. Entendi que eu tive, sim, uma quando criança, mesmo não crescendo com meu pai biológico, e que tenho agora a minha própria família, com meu filhote Etielson. Trabalhando com esse casal, entendi que o formato não importa. O que importa mesmo "é quando existe amor". É isso que pode ser chamado de família.

Casamento de Thales e Adauri, o primeiro casamento homoafetivo que organizei. Foto: Lucas Alexandre Souza de Vasconcelos.

Estou dividindo isso aqui, pois acho que, como minha vida mudou ao tomar consciência dessas coisas, posso ajudar alguém também a mudar. Hoje sou plena, completa, realizada, e tomei posse do que tenho, do que sou, e aceitei tudo que já passou também.

Quando dizem que sou a "número um" de assessoria, justifico que é porque minha alma está sempre ali, cuidando dos meus clientes para que eles tenham as melhores lembranças desses momentos tão importantes. Mas também sinto que eles cuidam de mim e que cada casal me traz uma nova lição de vida. Sim, sem dúvida: a vida é um eterno aprendizado.

Um resumo do meu modo de pensar e agir

Quero deixar aqui, para você pensar e usar em sua vida, alguns pontos que considero muito importantes tanto para construir seu sucesso profissional quanto para sua vida pessoal. É usando essa forma de agir que venho construindo minhas vitórias e que você também pode aproveitar para conquistar as suas.

- A vida muitas vezes é foda, mas vou te contar um segredo: você é mais...
- Ser feliz é uma escolha diária.
- Onde há joelhos dobrados, não existe batalha perdida.
- Desculpe a intensidade; só tenho esta vida e nem sei até quando.
- Quando na sua equipe tiver uma pessoa que sua cliente ama mais do que você, saiba que você fez tudo certo. Não tenha medo de ensinar o que sabe, tenha ao seu lado pessoas que possam ser melhores que você. Deixe um legado.
- Coisas acontecerão diariamente em sua vida, algumas podem até dar a entender que tudo vai desmoronar. Mas se sua base emocional estiver sólida, restaurada ou em processo de restauração, tudo bem... Pode até doer, mas você vai seguir em frente e sair dessa ainda mais forte! Seja resiliente na jornada!

- Deus me deu o privilégio de trabalhar com o amor. E eu acabo amando muito os casais que Ele traz para minha vida. Sem dúvida alguma, eles são especiais.
- Existe um detalhe que pode ser o segredo do seu sucesso: em tudo na vida precisa existir conexão. A conexão gera *networking* e esse pode ser o seu maior patrimônio e o grande legado da sua marca, da sua empresa.
- Se tem uma coisa que a vida me ensinou é que devemos nos cercar dos melhores em tudo.
- Não há vagas para quem não aproveita as oportunidades.
- Trabalhe com o que ama e todos os dias você terá uma grande conquista.
- Quando você escolhe a paz, ela vem com muitas despedidas.
- Todos os dias, quando acordamos, não temos mais o tempo que passou, mas temos ainda muito tempo... Temos todo o tempo do mundo.
- Para decidir ser feliz, crescer, evoluir, é preciso executar ideias e principalmente compreender que nada na vida acontece por acaso.
- Viva de forma honesta, de tal forma que para falarem mal de você terão que mentir.
- Sabe qual o melhor momento da vida? Quando você entende que tudo que pode existir de melhor ou pior no mundo depende de como está a sua mente. Ame-se, entenda a si mesmo, compreenda a si próprio e, por fim, aceite-se. Tudo tem solução. A vontade de Deus é perfeita.
- Quando você bater de frente com um "é agora ou nunca", atire-se. Vá em frente. Faça! O grande start da vida acontece quando você não tem medo do que pode acontecer e aceita que o melhor só vem quando você tenta.
- Você vai passar por coisas que não merece e vai superar todas elas, porque maior que seu problema é o Deus que não o abandona.
- A arte de trabalhar com sonhos envolve você pensar em cada detalhe, olhar com todos os olhares. É muita energia, muito amor, muito trabalho, muito pulso, para que tudo aconteça com excelência.

- Cheguei a uma conclusão: no final de um evento de casamento, além de fazer um casal feliz, a gente também se faz feliz... Em vários momentos, esse trabalho e essa responsabilidade de fazer alguém feliz me salvou e me fez feliz, forte e corajosa para seguir em frente com isso tudo que chamamos de vida!
- Da sua pior situação pode surgir a sua melhor oportunidade!
- Bons negócios não são feitos com reuniões, e sim com relacionamentos.
- Meu maior desejo é que cada pessoa no mundo saiba que ela é capaz de alcançar seus sonhos e objetivos.
- Um dia tudo dá errado, no outro tudo dá certo. O sucesso e a felicidade só dependem de você seguir em frente.

Além disso, existem alguns outros pontos que faço questão de contar, para você também poder lutar pelo que deseja na vida. Dê uma olhada e pense sobre isso:

• Lembre-se sempre: não importa de onde você veio

Não importa de onde você veio. O que importa é aonde você consegue chegar.

Eu nasci pobre, mas nunca aceitei isso como se fosse uma coisa para sempre. Decidi, desde cedo, que mudaria essa situação e que faria uma diferença positiva na minha vida e no mundo. Por isso, eu estudo muito, me posiciono, olho o que está acontecendo no mercado, invisto na minha imagem, cresço um pouco mais todos os dias. Porque entendo que ter nascido pobre não significa que tenho que ser pobre para sempre. Entendi que não tenho que levar isso para a vida toda. Decidi ser rica e sempre falei tão sério sobre isso que meu irmão me chama de milionária desde criança. Para ele, meu apelido sempre foi "Milionária".

Então, decida o que você quer para sua vida. E assuma esse compromisso com você mesmo e não desista até realizar o que você sonha.

Da próxima vez que a vida o desafiar, lembre-se: você já é grande e não tem que provar nada para ninguém. E quando você acredita nisso, não há nada, nem ninguém, que possa pará-lo.

• Não existe nada no mundo que possa derrubar você

Uma das verdades mais fortes que aprendi na vida é que nada, nada mesmo, pode te derrubar – a não ser que você permita. Quando entende isso, algo dentro de você muda. Você começa a olhar para as situações mais difíceis com outra perspectiva, sabendo que tem força para superar qualquer coisa.

Digo isso com a certeza de quem já enfrentou tempestades, mas escolheu ser maior que elas. A vida me ensinou que o verdadeiro poder está em acreditar em si mesmo, e em repetir: "Eu acredito em mim, eu sou capaz, sou competente e vou fazer acontecer". Essa crença não tem a ver com arrogância, e, sim, com autoconfiança. É a base que sustenta cada passo nosso, mesmo quando o chão parece sumir.

Uma das maiores lições que aprendi nos últimos anos é que gritar, impor força, não dialogar ou agir com medo não resolvem os seus problemas. Pelo contrário, essas atitudes geralmente alimentam a desarmonia e o desencontro. Descobri que é muito mais fácil resolver no amor, na parceria, no companheirismo, tentando se colocar no lugar da outra pessoa e entender por que ela se comporta daquela maneira. Quando você escolhe se conectar, se colocar no lugar do outro e buscar entender o que está por trás do comportamento de alguém, você encontra uma força que transforma e torna tudo mais simples de lidar.

O mais incrível é que quando você opta pela empatia, o mundo deixa de ser um lugar de confronto e se torna um espaço de possibilidades, com muito mais oportunidades. E é aqui que mora o segredo: nada no mundo pode te derrubar quando você escolhe compreender o ponto de vista dos outros, ao invés de combatê-los. Porque, no fundo, é na compreensão e no amor que a verdadeira força está.

Então, da próxima vez que a vida o desafiar, lembre-se: você já é grande e não tem que provar nada para ninguém. E quando você acredita nisso, não há nada, nem ninguém, que possa pará-lo.

• Ame a si mesmo

Esse é um conselho que dou, com muito carinho. O primeiro passo para você ser feliz e ter sucesso é amar a si mesmo. Falo isso por experiência própria.

Eu me amo e hoje celebro a escolha mais importante da minha vida: me amar, me colocar como prioridade e me valorizar acima de tudo. Olho para a pessoa que sou hoje e reconheço o quanto cresci, o quanto me cuido, o quanto me respeito. E, acima de tudo, o quanto sou feliz por "ter me escolhido".

Sou minha melhor companhia, meu maior apoio e minha fonte infinita de amor. Essa conexão comigo mesma me fortalece, me guia e me dá coragem para enfrentar a vida com resiliência e determinação. A cada dia, me dedico a ser a melhor versão de mim mesma, sabendo que o amor-próprio é a base de todas as outras formas de amor. E assim minha força de trabalho e resiliência me ajudam a enfrentar todos os desafios da vida com coragem e determinação. E contribuem para que eu continue sempre assim, priorizando minha felicidade, meu bem-estar e minha paz.

Escolhi cuidar de mim. E, acredite, essa decisão é libertadora. Ela transforma a maneira como você enfrenta os desafios e como se relaciona com o mundo. E quero que saiba: essa força interior está aí, dentro de você também.

Encontre essa força e lembre de se amar todos os dias. Você vai se admirar do poder que o amor-próprio tem de transformar sua vida para melhor. Então, escolha-se hoje. Escolha-se todos os dias. Porque a relação mais importante da sua vida é a que você tem com você mesmo.

Repito para mim todos os dias: "Eu me amo, me escolho e me valorizo". Esse é o meu mantra, a verdade que fortalece minha alma, que repito muitas vezes. Que tal tornar esse mantra seu também? Experimente. Diga isso em voz alta, olhe-se no espelho e perceba como sua energia muda. Você vai se admirar do quanto sua vida vai mudar para melhor.

Vivendo para fazer a diferença em Trancoso

Quando escolhi o litoral baiano para chamar de lar, Trancoso se mostrou muito mais do que um lugar para viver – foi onde encontrei meu propósito. Comecei minha trajetória focada em gestão hoteleira, mas rapidamente en-

Trancoso deixou de ser apenas o meu lar para se tornar minha vitrine, minha paixão e meu maior estímulo para crescer e inovar sempre. Um lugar onde o impossível ganha forma, onde cada evento é mais do que um trabalho; é uma entrega da alma.

xerguei algo que ia além: o potencial dessa região para ser palco de casamentos inesquecíveis. Vi a chance de fazer algo maior, de transformar sonhos em realidade, e decidi trilhar meu caminho nessa direção.

Desde então, venho me dedicando a colocar Trancoso como um destino de casamento internacional, onde cada detalhe é pensado para proporcionar experiências marcantes e de alto padrão. Não se trata apenas de organizar eventos, mas de criar momentos que fiquem eternizados na memória de noivos e convidados.

Com o tempo, desenvolvi uma visão que me permitiu ir além do universo dos casamentos e conquistar parcerias com grandes marcas. Vivo, Tania Bulhões, Fendi e Veuve Clicquot são exemplos de empresas que confiaram em mim para dar vida a eventos de suas marcas de forma inovadora e impecável. Então, meu papel vai muito além de organizar um evento; cuido de cada aspecto, desde a curadoria da lista de convidados até a logística e o transporte.

Mas minha trajetória não aconteceu do dia para a noite. Foi construída com muito trabalho, atenção aos detalhes e, acima de tudo, paixão pelo que faço. Cada projeto realizado foi fortalecendo minha rede de contatos e consolidando minha reputação não apenas como profissional, mas como alguém que sempre teve a preocupação de colocar Trancoso no mapa de eventos de altíssimo nível.

Trancoso deixou de ser apenas o meu lar para se tornar minha vitrine, minha paixão e meu maior estímulo para crescer e inovar sempre. Um lugar onde o impossível ganha forma, onde cada evento é mais do que um trabalho; é uma entrega da alma.

Um dos momentos mais marcantes da minha trajetória – e que guardo com um orgulho especial – foi a organização da turnê de Lulu Santos, em parceria com a Energy Trancoso e o Teatro L'Occitane. Imagine só: cerca de 4 mil pessoas reunidas naquele teatro icônico, vivendo uma experiência única! Não foi só um evento de música; mas a possibilidade de elevar o nome de Trancoso ao patamar de um destino cultural e de entretenimento de classe mundial. Foi a prova viva de que nosso cantinho na Bahia tem a capacidade de encantar e surpreender o mundo.

Mas a minha história com eventos não para por aí. De uma ideia simples, quase despretensiosa, nasceu algo grandioso. Tudo começou com o desejo de celebrar meu aniversário de um jeito especial, e assim surgiu o Mannu Weekend. O que era para ser uma comemoração pessoal se transformou em um evento de grande popularidade, atraindo gente de todos os cantos do Brasil.

Com o passar do tempo, o Mannu Weekend deixou de ser somente uma festa para se tornar uma tradição no calendário social de Trancoso. Cada edição se tornou um convite para explorar o melhor que a cidade tem a oferecer, ampliando a visibilidade do destino e mostrando sua versatilidade como um lugar vibrante, acolhedor e cheio de possibilidades.

Esses projetos são um reflexo do que acredito: unir criatividade e pessoas, desenvolver estratégias e dedicar paixão para criar experiências que deixem marcas profundas em quem estiver envolvido. E tudo se torna ainda melhor quando lembramos que Trancoso não é só um lugar lindo e cheio de energia; é um palco perfeito para histórias inesquecíveis.

Entre ideias e transformações

Minha jornada como empreendedora tem sido marcada pela criação de empresas que se complementam, atendendo às necessidades de noivos, visitantes e moradores de Trancoso. Um dos meus primeiros empreendimentos foi a Viva Concierge, um serviço que oferecia consultoria de viagem e planejamento de eventos personalizados. Nessa empresa, eu cuidava de todos os detalhes para que cada experiência dos clientes se tornasse memorável, desde a hospedagem até o transporte e as atividades locais.

Inicialmente, decidi abrir uma empresa porque, além de organizar casamentos, queria atuar também como agência de viagens. Na verdade, abri a empresa no nome de meu filho, que estava morando no Canadá. Na época, eu tinha muitas dívidas e não podia nem receber meu próprio salário em meu nome, devido aos bloqueios trabalhistas. Meu filho me passou uma procuração para abrir a empresa e uma conta bancária em seu nome, e passei a operar tudo no nome dele. Assim, surgiu a Etielson Couto Ribeiro Júnior, ME. Com a empresa aberta, comecei a trabalhar para pagar minhas dívidas e a superar aquela que foi uma das fases mais difíceis da minha vida.

Com o tempo, muitas pessoas me pediam conselhos sobre onde alugar casas, em quais pousadas se hospedar e o que fazer na região. Foi então que percebi que poderia cobrar por essas informações – afinal, como sempre digo, ninguém é relógio para trabalhar de graça. Assim nasceu a Mannu Carvalho e Concierge. Mais tarde mudei o nome para Viva Concierge, para evitar conflitos de interesses com outros empreendedores da região. Como fui ficando muito conhecida como assessora, outros profissionais da área evitavam alugar casas comigo, para não divulgar meu nome e contatos para seus possíveis clientes. A Viva Concierge foi criada para atender um público mais amplo. E quando Caio Rehem veio morar em Trancoso, nos tornamos sócios.

Já a Mannu Carvalho Eventos é a minha empresa dedicada à organização de casamentos e outros eventos. Com o mesmo compromisso com a excelência e atenção aos detalhes que define meu trabalho, a empresa ganhou fama e projeção como uma referência em celebrações sofisticadas e envolventes.

Além disso, para facilitar o fornecimento de bebidas, fundei a Adega Trancoso, uma solução que oferecia preços especiais para noivos e empresas, eliminando a necessidade de importação de bebidas de outras cidades e agilizando a logística de eventos. O nome oficial da empresa é Adega Trancoso By Mannu Carvalho. Ela foi aberta durante a pandemia, em um momento de grande apreensão, com os meus casamentos sendo remarcados constantemente.

Encontrei um ponto comercial, aluguei o local, fiz a reforma e organizei tudo. Procurei um sócio. A ideia era que ele fornecesse as bebidas, enquanto eu alugaria o ponto e operaria a loja. Porém, esse sócio acabou sendo desonesto comigo e tentou levar vantagem da nossa sociedade. Na hora de entregar as bebidas, em vez de enviá-las para a minha loja, ele negociava e entregava diretamente para os meus clientes na entrada da cidade.

Fotos: Ellem Cardoso.

Desfiz a sociedade e depois consegui abrir outra empresa para a distribuição de bebidas. Também entrei em contato com os noivos cujos casamentos tinham sido adiados e recolhi todas as bebidas que estavam estocadas em Trancoso, na minha casa ou em locais alugados, que antes eu só podia vender durante os casamentos. Falei com outros distribuidores e abri a adega com tudo 100% consignado. A loja se tornou bastante sólida e passou a ter um estoque substancial, tudo pago.

A empresa Carvalho Transportes é outro passo em direção ao atendimento completo, oferecendo transporte seguro e confortável para que convidados e participantes dos eventos possam desfrutar das belezas de Trancoso, sem preocupações.

Acredito que essas soluções agregadas e integradas refletem minha visão holística sobre o turismo em Trancoso e melhoram a experiência do cliente.

VALORIZAÇÃO DOS TRABALHADORES LOCAIS

Sempre fui uma pessoa que valoriza muito o desenvolvimento e a integração da comunidade. Então, consciente da importância dos trabalhadores de Trancoso, criei a Festa do Branco, que acontece sempre na sexta-feira, dentro do Mannu Weekend. É uma festa em que todos comparecem vestidos de branco, uma celebração especialmente dedicada às pessoas que não conseguem aproveitar as festividades de fim de ano devido à alta demanda turística. Em Trancoso, no réveillon, todos estão trabalhando, inclusive eu.

Esse evento é uma forma de retribuir e reconhecer o papel essencial dos trabalhadores da região, fortalecendo o sentido de comunidade e valorizando as pessoas que ajudam a tornar meus projetos possíveis. Nessa ocasião, mesmo aqueles que não têm poder aquisitivo para participar de outras festas em Trancoso podem se divertir e comemorar o réveillon.

Além disso, a festa não é aberta somente para os moradores e trabalhadores da região. Para ela vêm meus amigos da vida inteira, de todos os lugares, inclusive alguns muito ricos. Mas todos em uma simplicidade muito grande, vestindo-se de branco e se misturando com todos, com muita humildade e confraternização.

Ainda com o olhar voltado para o futuro e para o desenvolvimento sustentável de Trancoso, invisto em capacitação profissional na região, oferecendo cursos e treinamentos em áreas-chave, como as de sommelier, cerimonial, cabelo e maquiagem. Essa iniciativa não apenas garante que as equipes ofertem um serviço de alta qualidade, mas também contribui diretamente para o crescimento econômico e social da comunidade, promovendo autonomia e qualificação para os trabalhadores locais. Pelo impacto do meu trabalho, recebi com muita honra o título de Cidadã de Porto Seguro, concedido pela Câmara de Vereadores em votação unânime, um reconhecimento que significa muito para mim e reforça meu compromisso com o desenvolvimento da região.

Um legado para durar

Tudo o que tenho feito é com um propósito legítimo, dentro do desejo de ajudar as pessoas e gerar um legado de transformação na nossa região; um legado que faço de tudo para que dure muito e mude para melhor a vida de muitas pessoas. É levando isso em conta que tenho feito da minha trajetória uma prova de que paixão, persistência e visão podem transformar uma região e impactar muitas vidas. Acredito que minha facilidade de enxergar oportunidades, construir relacionamentos sólidos e entregar experiências de qualidade não apenas alavancaram minha carreira, mas também elevaram o perfil de Trancoso como destino de luxo, tanto para casamentos quanto para eventos culturais.

O desejo de ajudar cria conexões poderosas

Acredito no poder de gerar mudanças positivas no mundo quando a gente se dispõe a ajudar o próximo. Quando você se doa para as pessoas, procurando auxiliá-las naquilo que elas necessitam, cria uma energia maravilhosa de união em torno dos objetivos. Quando você se dispõe a fazer pelos outros algo de bom, algo que ajude a resolver uma dificuldade, cria conexões poderosas, que irão transformar a sua vida e a vida de muitas outras pessoas.

Sempre que falo sobre isso, lembro de um acontecimento especial da minha vida, que se deu em 2014. Eu me dividia entre o trabalho no restaurante japonês, na cidade vizinha, e o meu trabalho na pousada. Certa madrugada, quando voltava para Trancoso, vi um carro parado na estrada. Naquele tempo, o asfalto era cheio de buracos enormes. Olhei para o veículo e percebi que havia duas crianças, uma mulher e um homem. Parei o carro e o pai da família ficou assustado. Quando desci do carro sozinha, ouvi ele perguntar para sua esposa: "Cadê o resto?". Como se ele achasse que tinha mais alguém comigo e que pudéssemos ser assaltantes.

Desci do carro e perguntei o que estava acontecendo. Eles disseram que o carro tinha quebrado e que estavam precisando de ajuda. Peguei meu celular, subi no teto do meu carro e tentei ligar para alguém. Mas não havia sinal. Finalmente, trouxe a esposa dele e as crianças para Trancoso. Depois, enviei ajuda para que também pudessem trazer ele e o carro.

Hoje eles são meus grandes amigos e moram no Rio de Janeiro. Naquele dia, estavam indo para uma casa em Trancoso, ficar com Tony Garrido, Elba Ramalho e muitas outras pessoas. Como resultado dessa amizade, ganhei muitos amigos famosos.

Sem ter nenhum outro interesse que não fosse o de ajudar aquela família, parei na estrada e fiz o que era possível por eles. E hoje tenho bons amigos, que pensam em mim sempre, colocam depoimentos nas redes sociais falando bem a meu respeito e ressaltam sempre a minha coragem e generosidade de ter parado naquela noite escura para estender a mão para eles.

Eu acredito, de coração, que a gente colhe exatamente o que planta na vida. Não tem mistério: quando agimos com o desejo genuíno de ajudar, criamos conexões que são mais do que profissionais – são humanas, verdadeiras e transformadoras. E é essa força, essa troca de energia, que me motiva a continuar investindo meu tempo, minha paixão e minha criatividade nesse projeto que é muito mais do que trabalho: é um propósito de vida chamado Trancoso.

Saber que, com determinação e ousadia, estou contribuindo para algo maior – um legado que vai além de mim – é simplesmente gratificante. Ver que minha trajetória pode inspirar outros empreendedores e profissionais a acreditarem nos seus sonhos e no potencial de fazer a diferença é uma das maiores recompensas que posso ter.

Tudo o que faço, cada empresa que criei, cada parceria que construí e cada fornecedor que escolhi, tem um único objetivo: oferecer o melhor aos nossos clientes. Não se trata simplesmente de organizar eventos; trata-se de criar memórias. Momentos que eles vão guardar com carinho, que vão voltar à mente em um sorriso inesperado, que vão marcar para sempre suas histórias.

Aqui em Trancoso, nossa missão é clara: garantir que cada detalhe seja cuidado com perfeição, para que nossos clientes não precisem se preocupar com absolutamente nada. E proporcionar tranquilidade, confiança e aquela sensação mágica de estar vivendo algo único.

Esse é o propósito que me guia, o que me motiva todos os dias. Trancoso é mais do que um destino; é uma experiência, um sentimento, um lugar onde sonhos se tornam realidade. E eu tenho orgulho de fazer parte disso.

Como construí o meu sucesso

Hoje, falo com o orgulho e a certeza de que me tornei uma mulher de sucesso. Mas, deixa eu te dizer uma coisa: esse sucesso não foi um presente que chegou embrulhado com um laço bonito. Ele não apareceu de repente nem chegou por acaso. Foi uma construção, daquelas do tipo colocar tijolo por tijolo, dia após dia, com paciência, dedicação e uma dose grande de persistência.

A minha virada começou mesmo há uns dez anos. Foi quando a minha vida mudou de rumo, e não porque algo mágico aconteceu, mas porque eu decidi que ia agarrar todas as oportunidades que aparecessem – mesmo aquelas que vinham com cara de problema, de desafio quase impossível. E sabe o que mais? Usei cada queda, cada problema, cada situação que deu errado, como combustível para me manter caminhando. Transformei tudo em aprendizado.

Aprendi a me observar, a entender onde estava errando e a não repetir os mesmos tropeços. Foi um processo de reposicionamento – um movimento interno e externo. Eu me dei conta de que precisava começar algo que dependesse somente de mim mesma. Foi aí que mergulhei de cabeça no mundo da prestação de serviços.

Trabalhar com serviços exige uma entrega total. É preciso entender de pessoas, antecipar desejos, solucionar problemas. E ali eu descobri que o sucesso começa de dentro para fora: dependia unicamente da minha atitude, do meu compromisso e da minha paixão pelo que faço.

Se você está pensando em começar algo, meu conselho é simples: olhe para os seus erros como mestres, não como inimigos. Eles têm muito a ensinar. E, acima de tudo, lembre-se de que o sucesso é um reflexo direto da energia e do amor que você coloca em tudo o que faz.

Sempre digo – e vou continuar dizendo – que o segredo está na dedicação verdadeira. É colocar corpo, alma, coração e cabeça no que você faz. É entregar o que promete, e até mais, 120% ou 150% do que promete, e se dedicar de verdade, estudar o tempo todo e nunca parar de melhorar. Com um passo a passo bem pensado e com muita consistência, o sucesso não é uma questão de "se", mas de "quando". E sabe o que mais? Você não precisa colocar tudo o que tem em jogo nem usar até o último centavo que guardou. Trabalhar com serviços é um caminho em que o maior investimento é a sua própria energia, o seu talento e a vontade de fazer acontecer.

Minha vida ganhou um novo sentido quando cheguei a Trancoso. Mais do que me encontrar, descobri como podia transformar tudo ao meu redor. Foi aqui que comecei a expandir as atividades em torno daquele lugar lindo que todos conhecem como o Quadrado dando a ele uma nova dimensão. Sim, ele continua sendo o coração desse paraíso, mas agora ele também é o

Trabalhar com serviços exige uma entrega total. É preciso entender de pessoas, antecipar desejos, solucionar problemas. E ali eu descobri que o sucesso começa de dentro para fora: dependia unicamente da minha atitude, do meu compromisso e da minha paixão pelo que faço.

"Quadrado do mundo". Um lugar onde histórias se cruzam, culturas se encontram e sonhos se realizam.

Meu negócio de casamentos abriu mais do que portas. Abriu janelas gigantes e até portais – para mim e para tanta gente que cruzou meu caminho e resolveu caminhar comigo. Trancoso se tornou palco de conexões incríveis, experiências únicas e um novo jeito de viver e celebrar a vida. Sou profundamente grata por tudo o que construí aqui. Cada evento, cada história, cada sorriso compartilhado reforça a certeza de que esse era o lugar certo para plantar minhas raízes e ver meus sonhos florescerem.

Hoje, meu trabalho vai muito além de organizar casamentos. Quero inspirar pessoas como você a acreditar que o sucesso é mais do que um sonho – é uma possibilidade real. Desejo mostrar que, com dedicação, coragem e uma boa dose de paixão, você pode conquistar exatamente o que merece. Tudo o que faço hoje carrega esse propósito: criar oportunidades, abrir caminhos e incentivar você a construir sua própria história, seja em Trancoso ou em qualquer outro lugar que escolha para chamar de lar.

Mas vou ser bem direta: o caminho não é fácil. O sucesso que alcancei foi construído em cima de muita superação, noites em claro, dúvidas e escolhas que nem sempre foram simples. Então, se você espera um trajeto tranquilo, sinto dizer que ele não existe. Mas, se decidir encarar os desafios com força e persistência, tudo muda e o sucesso se torna possível.

O segredo está em acreditar de verdade que você pode. Está em colocar o coração no que faz e nunca desistir, mesmo quando as coisas parecerem difíceis demais. Porque o sucesso não é uma questão de sorte; ele é resultado de esforço, paixão e resiliência.

E sabe do que mais? Ele é, sim, muito possível. Ele é real. E ele está ao seu alcance. Mas só chega para quem acredita, age, se joga sem medo e entende que tudo depende, no final das contas, de si mesmo. Então, vai lá! Arregace as mangas, confie em você e faça acontecer. Eu acredito em você e quero vê-lo chegar lá também!

M

A superação leva você ao sucesso

As pessoas, muitas vezes, se fecham dentro de si, se trancam naquele quarto escuro chamado desistência, onde os sonhos ficam largados, abandonados. Elas deixam para trás a chance de serem felizes, de realizarem o que mais desejam, tudo porque não acreditam em si mesmas ou não conseguem enxergar além das dificuldades. E eu entendo isso, porque a vida nem sempre facilita. Mas sabe o que eu penso? Desistir não é opção. Nunca foi para mim e nunca será para você, se você se permitir acreditar que pode vencer.

Eu poderia ter desistido em várias fases da minha vida, especialmente antes dos 16 anos, antes de me tornar mãe. Mas, a partir do momento em que coloquei meu filho no mundo, algo em mim mudou para sempre. Eu não tinha mais o luxo de pensar em desistir. Era a minha sobrevivência e a dele que estavam em jogo. Ser mãe foi o divisor de águas que transformou minha história. Não superar, não vencer, não aprender, não seguir em frente, deixou de ser uma possibilidade. E é isso que me impulsiona até hoje. Essa vontade de superar é a minha maior força, o combustível que me move; e espero levar essa energia até o meu último dia. Porque a vida é feita de desafios, mas também de oportunidades – muitas vezes escondidas nas situações que parecem mais difíceis.

O que eu quero dizer para você é simples: nunca desista. Transforme as dificuldades em degraus para subir, em impulsos para se lançar ainda mais para o alto. Pegue os piores dias e os transforme em energia para alcançar os melhores momentos da sua vida.

Como exemplo, posso te contar uma das piores fases da minha vida, que virou um dos maiores sucessos da minha carreira. Tudo aconteceu de uma vez: levei um "pé na bunda" do meu namorado, uma pessoa por quem eu estava muito apaixonada. Isso aconteceu em plena pandemia e, para completar, apenas cinco dias antes de eu ter de fazer a primeira cirurgia para remover um tumor sério, em que eu corria até mesmo risco de morrer. Tive de enfrentar o estresse da cirurgia e o coração partido ao mesmo tempo.

Em um primeiro momento, foi como se o chão tivesse desaparecido debaixo dos meus pés. Eu poderia ter me deixado afundar, mas escolhi fazer o

O que eu quero dizer é simples: nunca desista. Transforme as dificuldades em degraus para subir, em impulsos para se lançar ainda mais para o alto. Pegue os piores dias e os transforme em energia para alcançar os melhores momentos da sua vida.

contrário e agir com coragem e determinação. E sabe o que eu aprendi? Que, às vezes, é preciso perder tudo para descobrir do que a gente realmente é capaz.

Decidi canalizar toda a raiva e a frustração que senti em energia para criar algo positivo e diferente. Foi assim que surgiu a ideia de organizar um show do Lulu Santos, em Trancoso. Eu sabia que com isso poderia movimentar a economia local e mostrar o poder transformador dos eventos. Fiz contato com o Lulu, ele aceitou, e qual foi o resultado? Um público de quatro mil pessoas, em um dos eventos mais marcantes da história de Trancoso.

Show do Lulu Santos.
Foto: Guilherme Santana.

Essa é a ideia que quero que você pegue. Eu transformei dor em potência, frustração em realização, e tudo deu certo. E sabe de uma coisa? Você também pode. A vida sempre vai te testar, mas cabe a você decidir: vai ficar no quarto escuro ou vai abrir as portas e deixar a luz entrar? A escolha é toda sua.

Criando oportunidades

Às vezes, um novo mundo, uma nova história, uma nova vida e uma nova chance passam bem na sua frente, mas você está tão travado no dia a dia e nas dificuldades, que não consegue enxergar. A oportunidade está aí do seu lado e você não percebe.

Mas também tem aquela outra situação em que elas simplesmente parecem que não vêm. Nesses casos, deixa eu compartilhar uma coisa que aprendi: se as oportunidades não aparecerem, você as cria! E toca adiante.

Como eu não tinha opção, na minha vida sempre tive que fazer com que tudo virasse uma oportunidade. Sempre precisei pegar o pouco que tinha nas mãos e dar um jeito de transformar em algo maior, que tivesse propósito, que realmente fizesse sentido. Foi assim que aprendi a olhar para o que os outros viam como dificuldade e enxergar possibilidade ali. Não foi fácil, mas foi algo que me transformou.

Foi por isso que quando apareceu a chance de trabalhar com eventos eu não pensei duas vezes: segurei e me dediquei muito a ela. Agarrar essa oportunidade foi mais do que uma decisão profissional, foi um ponto de virada na minha vida. Na minha cabeça, não existia a possibilidade de "não dar certo". Era aquilo que eu queria e ia fazer dar certo! Trabalhei com toda minha energia, me joguei de cabeça, aprendi com cada desafio, e isso foi o que mudou a minha vida.

Você tem que agarrar as que surgem e trabalhar forte nelas. Mas não é só agarrar a oportunidade: você precisa acreditar nela, fazer o que é preciso e transformar o mundo ao seu redor. Porque, às vezes, ela está ali, no meio de um monte de incertezas. Cabe a você ter coragem de enxergar e, se precisar, criar o seu próprio caminho. Foi assim que minha vida mudou. E é assim que você pode mudar a sua também. Na verdade, as boas oportunidades não surgem prontas; elas são feitas. E quem faz é você!

Muito mais do que ganhar dinheiro

Quando me perguntam o que me motiva a fazer casamentos, eu nem preciso pensar para responder: o que me move, de verdade, é saber que faço parte de um momento especial, que vai ficar marcado para sempre na vida de alguém.

Eu gosto de ser a pessoa que será responsável por proporcionar momentos felizes para os noivos e seus convidados. Isso é muito gratificante. Imagina só, você ser responsável por criar um dos dias mais felizes da vida de alguém? Isso não tem preço! Além do mais, eu amo ser aquela pessoa que nunca será esquecida pelo casal. Essa conexão com os noivos me dá algo muito mais valioso do que somente o ganho financeiro.

Eu poderia estar trancada em um escritório, resolvendo problemas de empresas. Afinal, me formei em Direito e tinha essa opção. Mas escolhi um caminho diferente, um caminho em que lido diretamente com a felicidade, com o momento mais especial da vida de alguém. Então, fazer pessoas felizes, trabalhar com a alegria, é um diferencial muito grande, é um privilégio para poucos escolhidos e sou muito grata por ser um deles.

É verdade que precisa ter coragem para trabalhar com casamentos; é necessário aprender, ter dedicação, ser paciente e nunca desistir. Mas nada é impossível; dá para chegar lá e ter uma profissão diferenciada. Você pode fazer essa escolha, que vai aproximá-la de algo muito maior e gostoso, que é fazer a alegria dos outros. É mágico saber que você ajudou a transformar sonhos em realidade, que foi peça-chave em histórias de amor tão únicas e especiais.

Sem falar que hoje eu posso morar neste paraíso e trabalhar daqui, mesmo com os eventos acontecendo em outros lugares e até em outros países. Posso coordenar tudo aqui do meu cantinho em Trancoso.

Hoje, meu trabalho vai muito além de Trancoso. Tenho a oportunidade de levar a energia e a essência deste lugar mágico para onde quer que eu vá, criando momentos inesquecíveis e espalhando alegria pelo mundo. E pode ter certeza: onde houver chance de compartilhar felicidade, vou estar pronta para fazer parte de cada história.

Para chegar ao sucesso com eventos, é preciso entender de pessoas

Uma coisa que eu aprendi nessa caminhada é que sucesso em eventos não tem a ver só com estrutura, decoração ou cronograma impecável. O verdadeiro segredo para tudo sair perfeito está nas pessoas. Quando falo isso, estou sim falando dos clientes, mas também de todos aqueles que trabalham ao meu lado. Gente que sonha, que realiza, gente que trabalha duro, mas com muito entusiasmo e paixão pelo que fazem. Gente que confia em mim para juntos oferecermos aos clientes os momentos mais importantes e felizes de suas vidas.

E sabe o que é mais desafiador? Cada pessoa é um universo único e diferente. Ninguém é igual a ninguém e é isso que torna o meu trabalho tão especial. Por isso, continuo procurando aprender todos os dias e entender cada vez mais de pessoas. Porque, a cada dia, a gente encontra pessoas de outras origens, que tiveram uma educação distinta e que provavelmente pensam o mundo de uma forma diferente da nossa. Cada cliente, cada parceiro, cada membro da equipe vem com uma história, com uma bagagem, com um jeito próprio de ver o mundo. E eu sei que, se quero crescer, e ajudar essas pessoas a crescerem, preciso me conectar com essas diferenças, respeitar e aprender com elas.

Pode parecer simples quando digo isso, mas não é. Porque para entender de verdade as pessoas, você precisa ouvir, observar e, acima de tudo, cuidar delas. Eu sei que ninguém consegue trabalhar bem se não está bem. Se alguém do meu time de colaboradores está passando por um problema, isso reflete no trabalho, na energia, no resultado final. Então, meu papel como líder não é só cobrar. É acolher, ajustar o que for preciso e mostrar que estamos juntos nessa jornada.

O negócio de eventos é feito de pessoas. Pessoas que compram e pessoas que trabalham com a gente e fazem o evento acontecer. Então, se você não entender de pessoas, não vai a lugar nenhum. Por isso, este é o meu principal objetivo hoje: entender as pessoas que estão ao meu lado, que podem contribuir comigo e ajudá-las a também entenderem de gente. Para que juntos possamos entregar o melhor para aqueles clientes que confiam a nós seus momentos mais especiais.

E é assim, com empatia e conexão, que eu acredito que a gente constrói o verdadeiro sucesso. Porque, no final de tudo, vai ficar muito claro que eventos não são só flores e luzes. São histórias, emoções e gente que deseja ser feliz.

Acima de tudo, você tem que estar comprometido com o que deseja

Falando agora sobre a questão das finanças, afirmo sem medo de errar que você pode, sim, ganhar muito dinheiro trabalhando com eventos. Eu sou a prova viva disso. Mas tem um detalhe importante – na verdade, o detalhe mais importante de todos: você precisa estar completamente comprometido com o seu negócio e com as pessoas que estão nele – tanto os clientes quanto os seus colaboradores. Sem compromisso, sem resultado. É simples assim.

Querer chegar longe sem se dedicar é como tentar atravessar o mar a nado sem saber nadar. Não adianta você querer atingir um objetivo se você não doar mais do que 100% de você. Na verdade, doar 100% já é sua obrigação. Isso é o básico, o que a maioria das pessoas já faz. Se você quer realmente se destacar, precisa entregar 120%, ou mais. Quando passa a doar 120%, você começa a se diferenciar no mercado de alguma forma, seja lá no que esteja fazendo.

Quando me perguntam qual é o segredo do meu sucesso, sempre respondo que é fazer o meu melhor em qualquer coisa que me proponho a fazer e sempre entregar 120% daquilo que prometi ao cliente. E isso vale para tudo na vida, não só para eventos.

Juntando vários formatos de eventos, e não necessariamente apenas casamentos, você pode atuar no mercado de modo a conseguir o sucesso que procura. Mesmo que você more em uma cidade que não é turística, ou de difícil acesso e que não seja tão movimentada.

A questão aqui é "o que você está disposto a fazer para mudar sua realidade?". O sucesso não vai bater à sua porta de graça. Então, respire fundo, ajuste o foco e se comprometa de verdade com a realização do seu sonho de ter sucesso em um negócio de eventos. Acima de tudo, você tem que estar comprometido com o que deseja realizar.

PARTE 2

Um lugar de sonhos chamado Trancoso

CASAR EM TRANCOSO

Quando penso em Trancoso, é impossível não sentir uma pontada de orgulho. Esse pedacinho de paraíso é mais do que um destino; é um lugar onde histórias se encontram, memórias ganham vida e sonhos se transformam em realidade. Não é à toa que tanta gente do mundo todo escolhe Trancoso como o palco para um dos dias mais importantes de suas vidas: o casamento.

Tenho orgulho de dizer que muita gente vem de fora do Brasil para se casar em Trancoso também pela estrutura que a gente oferece e que não se encontra em qualquer lugar. Essa é uma das grandes razões para atrair gente do mundo inteiro. As pessoas podem se casar em um lugar que traz uma experiência inteira, única, cheia de história, com conforto e uma ótima estrutura. Essa preferência por Trancoso tem motivos de sobra. Aqui, a gente não entrega apenas uma festa – a gente oferece uma experiência completa.

Em Trancoso tem o Quadrado, esse lugar mágico, que é o coração pulsante de nossa vila. Uma praça histórica que parece ter saído de um conto de fadas. Cercada por casinhas coloridas que hoje abrigam restaurantes, boutiques e pousadas charmosas, essa área já foi o lar de moradores locais e guarda uma energia única, onde simplicidade e sofisticação se encontram. Tombado pelo Instituto do Patrimônio Histórico e Artístico Nacional (Iphan), ele contém a alma do lugar.

No centro, um gramado verde rodeado por árvores antigas e, ao fundo, a charmosa Igreja de São João Batista, uma igrejinha antiga e linda, construída no século XVII. Ela fica de frente para o mar e só de estar ali você sente a energia da história misturada com uma serenidade que é difícil de explicar. Esse cenário é o cartão-postal de Trancoso e o palco perfeito para casamentos que são verdadeiras obras de arte.

Esse espaço é o símbolo de Trancoso, onde tudo acontece – desde passeios tranquilos durante o dia até encontros badalados à noite. Ele carrega toda a essência histórica e rústica da vila e tem uma vibe bem tranquila e ao mesmo tempo supercharmosa. É uma mistura de simplicidade e sofisticação, e, por isso, é tão procurado como local para casamentos e eventos muito especiais. Tudo isso formando um cenário lindo, cheio de história e tradição.

Com todo esse encanto histórico, Trancoso também é uma vila que acolhe, é muito amigável. Tem hospedagem para todos os bolsos e gostos, indo de opções mais acessíveis até as mais exclusivas, e assim todo mundo consegue achar um cantinho perfeito para ficar, seja em pousadas aconchegantes ou em resorts de luxo. Um aeroporto particular a sete quilômetros do Quadrado e outro, internacional, bem perto, em Porto Seguro, facilitam muito a vida de quem vem de fora. O acesso é tranquilo tanto para os noivos quanto para os convidados.

Tudo isso bem no meio de tantas belezas naturais, praias badaladas e deslumbrantes, com uma gastronomia variada e exclusiva, fazendo de Trancoso um lugar completo para qualquer tipo de evento. Simplesmente não dá para falar de Trancoso sem mencionar a combinação de paisagens paradisíacas, pratos deliciosos e exclusivos com iguarias locais e aquele clima que mistura o rústico e o chique. Aqui, qualquer evento se torna inesquecível. Trancoso não é apenas um destino; é um lugar onde os detalhes contam histórias, cada momento é único e memórias são criadas para durar a vida inteira.

Casamento de Jhade e Felipe.
Foto: Quelvin Clécio.

Agora, se você pensa que nosso trabalho em Trancoso é só beleza e diversão, deixa eu contar uma coisa: aqui o profissionalismo é de cair o queixo. Quando o assunto é fazer acontecer a satisfação do cliente, nós de Trancoso não deixamos nada a desejar. A gente tem uma equipe local extremamente qualificada, que dá conta até dos clientes mais exigentes. Nosso time é formado por muita gente preparada para o mercado de eventos, por profissionais locais de altíssimo nível, com conhecimento e preparo para atender com excelência. Raramente precisamos trazer algum profissional de fora. Sempre que possível, priorizo os talentos da região e dou preferência para o profissional local. Afinal, tem sempre algo muito especial em trabalhar com quem conhece cada cantinho desse lugar, cada detalhe que faz Trancoso ser o que é.

É claro que, caso o mercado local não consiga atender as expectativas do cliente em algo muito específico, ou quando os próprios clientes trazem profissionais que já fazem parte da família e vêm trabalhando com eles por algum tempo, juntamos forças com esses novos parceiros para fazer acontecer. Mas a preferência é sempre pela mão de obra local.

É isso tudo que faz de Trancoso mais que um destino de casamento: é um lugar de memórias vivas e experiências que não se repetem e que não se esquecem jamais. Se você quer mais do que um casamento, se quer uma experiência que ecoe na alma, Trancoso é o lugar. Um cenário tão perfeito que não se repete, mas nunca se esquece.

O destino dos sonhos

O que faz as pessoas quererem casar em Trancoso? Sabe aquele lugar que não é só um ponto no mapa, mas um pedacinho do mundo onde sua alma se sente em casa? Onde cada detalhe parece ter sido pensado para conectar sonhos com realidade? Esse é o verdadeiro significado de um *Destination*, um destino escolhido para celebrar. É muito mais do que turismo; é viver experiências que ficam gravadas no coração para sempre.

Quando você pega essa ideia e junta com um casamento, nasce o que chamamos de felicidade. E, sinceramente, não tem cenário que explique melhor essa ideia do que Trancoso. Aqui, cada canto tem uma história, cada paisagem é um convite para criar memórias que durarão por gerações.

Imagine dizer "sim" em um lugar que parece ter saído de um sonho: praias de areia branca e águas cristalinas, falésias que emolduram o horizonte e o charme rústico e ao mesmo tempo sofisticado do Quadrado, com sua igreja histórica olhando para o mar. Não é só um cenário paradisíaco; é um destino com alma, com uma energia que transforma momentos felizes em pontos na eternidade.

Casar em Trancoso é muito mais do que uma celebração. É reunir as pessoas mais importantes da sua vida em um local que inspira conexões verdadeiras. É criar um espaço onde o amor, a beleza e a história se encontram, e onde cada detalhe, da cerimônia à festa, reflete a essência do casal.

E quer saber o mais especial? Aqui, tudo conspira a favor. Desde a estrutura impecável, com profissionais de altíssimo nível, até a hospitalidade acolhedora que faz cada convidado se sentir em casa. Trancoso não é apenas um destino de casamento; é um lugar onde sonhos se tornam realidade e onde cada "eu aceito" ressoa como uma promessa de felicidade eterna.

Quando se busca um casamento que não seja apenas um evento, mas uma experiência que todos vão lembrar com brilho nos olhos, Trancoso é o lugar. Um destino que faz mais do que celebrar o amor: ele o eterniza.

Casar em Trancoso é muito mais do que uma celebração. É reunir as pessoas mais importantes da sua vida em um local que inspira conexões verdadeiras. É criar um espaço onde o amor, a beleza e a história se encontram, e onde cada detalhe, da cerimônia à festa, reflete a essência do casal.

Falar de casamentos em Trancoso é falar de uma experiência muito além de uma simples cerimônia no altar. Mas o que faz esse *Destination Wedding* ser tão especial? Não é apenas o cenário paradisíaco ou a exclusividade do momento – é a mágica de unir o melhor de dois mundos: a emoção de um casamento com a experiência memorável de uma viagem a um lugar de beleza rara e envolvente.

Diferente das cerimônias tradicionais, esse tipo de celebração transforma cada momento em algo extraordinário. Não se trata só de uma festa, mas de uma verdadeira aventura compartilhada, onde cada convidado deixa de ser mera testemunha para se tornar parte ativa de uma jornada cheia de amor, alegria e conexão.

E sabe o que é ainda mais especial? A lista de convidados, geralmente mais enxuta, significa que cada pessoa ali tem um vínculo real com o casal. São aqueles amigos e familiares que caminharam com os noivos e que torcem de verdade pela sua felicidade. Com isso, a festa começa bem antes do "sim". Desde o momento em que todos saem de suas casas e embarcam rumo a esse destino dos sonhos, uma nova história começa a ser escrita.

É mais do que um casamento; é criar memórias que serão compartilhadas para sempre. É o sorriso na praia, a conversa longa à luz das estrelas, o pôr do sol que parece ter sido desenhado só para os noivos e seus convidados. Cada detalhe é pensado para que o amor seja celebrado em sua forma mais pura, íntima e inesquecível.

Porque um *Destination Wedding* não é apenas o local onde você casa, mas como você transforma essa escolha em uma experiência que ficará marcada para sempre no coração de todos que fazem parte dela. É emoção, é aventura, é amor – tudo junto, em perfeita harmonia.

Quando falo sobre o que é viver um *Destination Wedding* em Trancoso, deixo claro que não é só organizar um casamento. É mergulhar em uma experiência única, no meio de um dos cenários mais mágicos e cobiçados do mundo. Trancoso tem essa coisa especial: uma mistura de simplicidade com sofisticação, história com modernidade, e uma energia que faz tudo ser mais intenso, mais real.

Os casais que escolhem Trancoso não estão preocupados em atender expectativas alheias. Eles não querem só "fazer bonito" para a sociedade ou seguir um protocolo. Querem algo verdadeiro, íntimo e cheio de significado. Desejam celebrar o amor de um jeito que faça sentido para eles e para aqueles que amam.

E sabe o que é ainda mais lindo? É que, além do "sim", Trancoso se transforma em palco de momentos inesquecíveis entre duas famílias que se unem, amigos que se reencontram e histórias que se entrelaçam. É o lugar perfeito para fazer do casamento mais do que um evento, uma experiência completa, em que cada detalhe – das praias deslumbrantes ao charme do Quadrado – parece ter sido feito sob medida para transformar sonhos em realidade.

Porque Trancoso não é só um destino, é um sentimento. É a escolha de quem quer mais do que uma festa: quer memórias que durem uma vida inteira. E é isso que faz de cada casamento aqui algo tão especial. É querer celebrar a união, sim, mas também viver a magia de um lugar que faz o amor brilhar ainda mais forte.

Trancoso é um lugar onde o amor ganha um cenário de sonho. Um casamento, por si só, é um marco na vida de qualquer pessoa. É o dia em que duas histórias se tornam uma só, o dia em que o amor se manifesta em sua forma mais pura e palpável. Agora, quando falamos de um casamento em Trancoso, estamos levando essa celebração a outro nível. Aqui, não se trata de pompa ou protocolos. Mas de criar momentos que serão vividos intensamente, cercados apenas por quem importa de verdade.

Se existe um lugar que podemos dizer que foi feito para isso, esse lugar é Trancoso. Não estamos falando só das paisagens estonteantes, do Quadrado cheio de encantos, ou das praias que parecem pintadas à mão. Estamos falando da energia do lugar, algo que só quem já esteve aqui consegue entender. Trancoso não é só um destino; é um estado de espírito.

Cada casamento aqui é uma obra de arte viva. É como se o amor ganhasse forma no som das ondas, no brilho do sol e no ar leve que faz tudo parecer possível. Não importa se você escolhe uma pousada aconchegante ou um hotel cinco estrelas; o que une todos esses cenários é o mesmo sentimento: a magia que transforma cada cerimônia em algo único e impossível de se esquecer.

Em Trancoso, a palavra *Destination* não significa chegar ao fim de uma jornada. É o começo de algo maior. É o ponto de partida para uma nova história, um novo capítulo, um novo "sim" cheio de promessas e esperanças.

Um lugar de casamentos muito especiais

Quando falo que trabalho com *Destination Wedding* quero deixar claro que não é apenas em casamentos que coloco minha energia. Na verdade, me empenho em criar experiências que ficam marcadas para sempre na vida das pessoas. Meu objetivo é transformar uma cerimônia de casamento em uma viagem emocional, onde amigos e familiares compartilham de vivências únicas e inesquecíveis em um cenário paradisíaco.

Para chegar a esse objetivo, junto a celebração do casamento a uma experiência exclusiva de turismo em uma região digna de grandes festas. Por isso mesmo é que essa atividade de preparação de eventos em Trancoso vem crescendo de maneira cada vez mais promissora. Em especial aqui, onde a magia do lugar conversa diretamente com o desejo dos casais por algo único e extraordinário, os casamentos encontram o lugar ideal para acontecerem de modo a se tornarem experiências lindas a serem lembradas para sempre.

É claro que organizar um evento do tipo *Destination Wedding* exige um planejamento muito cuidadoso e detalhado. Os noivos, muitas vezes, estão a quilômetros de distância, e isso faz com que a confiança em mim e em meus parceiros, para fazer a organização, seja algo essencial. Além de cuidarmos da logística e dos preparativos, precisamos também ter a sensibilidade de entender o que o casal deseja e traduzir isso em cada detalhe do grande dia. É como se fôssemos os guardiões do sonho dos noivos, garantindo que ele se materialize exatamente como foi imaginado – ou até melhor.

O impacto desse tipo de atividade vai muito além do altar. Em Trancoso, por exemplo, o crescimento do mercado de casamentos mudou a dinâmica da economia local. Restaurantes que antes fechavam fora da tem-

Em Trancoso, a palavra *Destination* não significa chegar ao fim de uma jornada. É o começo de algo maior. É o ponto de partida para uma nova história, um novo capítulo, um novo "sim" cheio de promessas e esperanças.

porada agora permanecem ativos durante o ano inteiro. Hotéis, pousadas e casas para aluguel seguem recebendo hóspedes em meses que antes eram de baixa ocupação. E isso é só o começo de uma transformação que acontece cada vez mais rapidamente.

Então, é fácil ver que o impacto que isso causa na economia da região é bem significativo e se estende para todas as áreas: garçons, chefs, maquiadores, motoristas, decoradores e uma infinidade de profissionais locais encontram no mercado de casamentos uma fonte constante de renda. Além disso, as comunidades indígenas e artesãs da região veem sua cultura valorizada, com o aumento da procura por peças de artesanato e alimentos típicos, como a tapioca. É um ecossistema que se movimenta, cresce e se reinventa a partir dessa energia gerada pelos casais que escolhem Trancoso como cenário para fazerem seus votos.

Mais do que um destino turístico, Trancoso se tornou um ponto de convergência no qual o amor une histórias e transforma vidas – dos noivos, dos convidados e de toda a comunidade local. Porque, aqui, cada casamento é mais do que um evento: é um capítulo que ecoa em toda uma região, criando memórias inesquecíveis e oportunidades reais para todos que fazem parte desse cenário e dessa atividade mágica.

Momentos que se tornam história

Trancoso é um lugar que nos leva a acreditar na coexistência perfeita entre dois mundos: o rústico e o refinado. Aqui, o charme de uma vila de pescadores ainda pulsa em cada canto, enquanto o luxo e a sofisticação se revelam de forma quase secreta, como um tesouro escondido. É comum caminhar por suas ruas de terra e passar por casas com cercas de eucalipto tão simples que nem imaginamos a riqueza que existe por trás de suas fachadas. A existência dessa dualidade é a essência de Trancoso – uma simplicidade que encanta, um refinamento que surpreende.

Plantado no sul da Bahia, Trancoso é um pequeno distrito de Porto Seguro que foi abençoado com uma rara e abundante beleza. Suas praias de areias brancas, emolduradas por falésias impressionantes, oferecem um cenário de tirar o fôlego. Mas não é só a beleza natural que faz desse lugar algo tão especial. É a energia única, quase mágica, que paira no ar e que naturalmente nos envolve em uma combinação de história, cultura e a vibe descontraída típica do povo baiano, sempre muito acolhedor.

Essa pequena vila nasceu como um refúgio de pescadores e hoje atrai viajantes do mundo inteiro. Mas não qualquer viajante – aqueles que buscam algo mais. Gente que quer viver experiências autênticas, fugir do óbvio e celebrar a vida em grande estilo. Não é à toa que Trancoso se tornou um dos destinos mais desejados para casamentos e eventos de luxo. Aqui, os momentos especiais ganham um toque extra de magia, com o cenário perfeito, digno dos sonhos de um casal enamorado.

O mais fascinante em Trancoso é a forma como o passado e o presente coexistem, gerando uma energia impossível de se encontrar em qualquer outro lugar. Enquanto o Quadrado, com sua igreja ao fundo e casinhas coloridas, preserva a essência histórica da vila, os restaurantes premiados e as boutiques exclusivas adicionam uma pitada de modernidade e sofisticação. É um lugar onde cada detalhe parece ter sido cuidadosamente desenhado por Deus, para criar harmonia e plenitude.

Estar em Trancoso é mais do que visitar um destino; é mergulhar em uma experiência que transforma. Aqui, cada pôr do sol é um espetáculo à parte, cada caminhada pela areia é uma conversa com o infinito. E quando você vai embora, leva consigo muito mais do que fotos ou lembranças – leva a certeza de que os sonhos, quando vividos em lugares assim, se tornam eternos.

O famoso Quadrado, com suas casinhas coloridas e a icônica Igreja de São João Batista ao fundo, é mais do que uma praça – é uma obra-prima viva. Cada detalhe, desde a vista impressionante do oceano que se estende do alto, até o som das risadas ecoando nas noites iluminadas por estrelas, cria uma atmosfera que nos lembra o quanto a vida pode ser simples e extraordinária ao mesmo tempo. No coração de Trancoso, pulsa esse cenário que parece ter sido pintado à mão, com muito cuidado e amor.

Trancoso tem ainda um dom raro: desacelerar o tempo. Suas ruas de terra batida, que se misturam à areia fina, parecem sussurrar para que tiremos os sapatos e sintamos o mundo sob nossos pés. Caminhar por ali é um convite a nos reconectarmos com a essência mais genuína da vida, onde o rústico não é apenas um charme, mas a alma do lugar. Cada casa colorida, com suas fachadas simples e cheias de histórias, é um portal para um tempo em que o moderno ainda não tinha pressa de chegar.

E então, a natureza mostra sua exuberância em uma vegetação que envolve o vilarejo como um abraço, enquanto o horizonte se abre para o mar em um espetáculo absolutamente encantador. Cada árvore centenária já testemunhou momentos de alegria, lágrimas, celebrações e silêncios cheios de significado. Pendendo entre o sagrado e o mundano, Trancoso segue seu próprio ritmo – leve, sereno, sem excessos.

As esquinas guardam memórias; as ruas contam histórias. Há algo de profundamente transformador em cada detalhe: o aroma do vento que vem do mar, os sorrisos que se cruzam nas noites iluminadas, o som do violão que escapa de um restaurante e se mistura com as vozes que conversam ao ar livre. Aqui, aprendemos que a beleza está na simplicidade, na conexão humana, na natureza que nos envolve e no tempo que, por um instante, parece se curvar para nos dar mais espaço.

Estar em Trancoso é um presente que não se resume a férias ou passeios. É um reencontro com o que realmente importa – com a calma, com os sonhos que ainda nos acompanham e com a vontade de viver cada momento como se fosse único. É um convite para nos perdermos nas cores das casas, no cheiro da terra molhada, no calor do sol e no som das ondas. É onde a vida ganha um significado novo e o tempo, enfim, vira poesia.

E temos então as festas de São Sebastião, São Brás e São João, que são muito mais do que celebrações religiosas – são o coração pulsante da cultura local. Aqui, o sagrado e o profano se unem em uma dança cheia de vida e emoção. As procissões tomam conta das ruas, o som das sanfonas e tambores ecoa pelos cantos, e as bandeirinhas coloridas balançam ao vento como se fossem uma extensão da alegria que paira no ar. Cada detalhe dessas festas nos reconecta com nossas raízes, com nossa maneira única de viver a fé – uma fé que canta, dança e celebra com intensidade.

A energia de Trancoso é assim: única, intensa, irresistível. É um lugar onde o tempo desacelera, mas o coração acelera, embalado por uma mistura perfeita de natureza exuberante e experiências refinadas. Resorts e pousadas luxuosas se integram harmoniosamente ao ambiente natural, como se sempre tivessem feito parte daquela paisagem. Mais do que lugares para descansar, são convites a uma imersão profunda na cultura local, que é celebrada com tanto orgulho.

Mas Trancoso é ainda mais do que um cenário de tirar o fôlego. É um lugar onde a autenticidade vive em cada esquina. Na culinária que tem o tempero do aconchego, nas festas que fazem a alma vibrar, no sorriso acolhedor de cada morador, está o espírito baiano em sua forma mais pura. Aqui, você não é somente um visitante – é recebido como parte da história, como alguém que veio para se somar à energia vibrante desse paraíso.

E para quem busca algo além, Trancoso oferece mais do que paisagens ou descanso. Oferece experiências que transformam. Cada casamento, cada evento, cada celebração é um momento único, como uma página escrita apenas para aqueles que têm o privilégio de vivê-la. Glamour e autenticidade se entrelaçam aqui, criando memórias que ficam gravadas não somente nas fotografias, mas na alma.

Por isso digo que este livro é um convite para você mergulhar nesse universo tão especial. Aventure-se a explorar as tradições, a cultura e as celebrações que fazem de Trancoso um lugar inesquecível. Não se trata apenas de conhecer – mas de sentir. Sentir o vento vindo do mar, o calor das festas, a paz que só a simplicidade pode trazer.

Trancoso é isso: um refúgio para a alma, um lembrete de que a vida é feita de momentos preciosos que merecem ser vividos plenamente. É um destino que, além de encantar, transforma. E, para quem tem o privilégio de viver aqui seus sonhos, é uma experiência que fica para sempre no coração, como uma preciosidade que jamais se apaga.

As festas de São Sebastião, São Brás e do padroeiro São João Batista

Trancoso tem um quê de magia. É aquele lugar que não segue o ritmo do mundo, mas cria o seu próprio compasso, embalado pela história e pela cultura que dão vida à essência dessa vila única e encantadora. No coração de Trancoso está o Quadrado, uma pequena praça que tem no centro uma joia guardada pelo tempo: a Igreja de São João Batista, tão perfeita que parece ter sido esculpida pela própria energia do lugar.

A "Igreja do Quadrado", como é carinhosamente chamada pela população, foi construída pelos jesuítas lá no início do século XVII. Mas ela não é apenas um ponto turístico: é uma ponte entre o passado e o presente. Com sua vista de tirar o fôlego, de frente para o mar, ela é o cenário perfeito para quem busca entender a história e se conectar com a alma de Trancoso. É ali que a tradição encontra o novo, onde histórias de séculos atrás continuam sendo contadas de formas vivas, envolvidas pela beleza simples e crua do vilarejo.

Mas Trancoso não é só história. É também vibração, festa e fé – tudo isso se juntando em um misto de cores, sons e cheiros que celebram a vida e o sentimento de pertencimento ao lugar.

A Igreja de São João Batista é palco de algumas das festas religiosas mais queridas e tradicionais da região. As celebrações de São Sebastião, São Brás e do padroeiro São João Batista, mais do que eventos no calendário, são a batida do coração da comunidade, momentos de encontro e renovação que fortalecem laços e reafirmam a identidade local.

E tem um detalhe que dá ainda mais charme para a igrejinha: bem em frente dela estão três mastros imponentes, erguidos em homenagem aos três santos. Todos os anos, na época das festas, esses mastros são trocados, um ritual que é quase como uma dança com o tempo. As bandeiras que os adornam são pintadas à mão por artistas locais, cada pincelada carregada de significado e devoção.

As festas em homenagem aos santos são intensas, duram 24 horas. Imagine só: durante o dia, tem almoço comunitário gratuito. A programação inclui procissão, missa e o tão esperado levantamento do mastro. É uma celebração que começa na véspera do dia do santo e só termina no dia dele – um ciclo que carrega tanto misticismo quanto energia.

Esse jeito de viver e celebrar é o que torna Trancoso único. Aqui, as tradições não estão apenas preservadas; elas são reinventadas todos os anos, de um jeito que só quem vive ou passa por aqui consegue entender. É o passado encontrando o presente, com a fé, a música e a dança como fio condutor. Trancoso não é somente um lugar; é uma experiência. E, no Quadrado, onde o tempo parece parar, você descobre que a alma desse vilarejo vive nos detalhes – e nas festas, é claro!

• A Festa de São Sebastião

A Festa de São Sebastião, que acontece nos dias 19 e 20 de janeiro, é mais do que uma simples festividade para Trancoso – é um verdadeiro rito de passagem, que atravessa gerações carregando em sua essência a mistura de tradições portuguesas e indígenas. É o tipo de celebração que ultrapassa as barreiras do tempo, onde o sagrado e o profano se entrelaçam de maneira única e vibrante. Em cada canto de rua, cada olhar, cada passo, a comunidade se envolve com a festa. Ela não é apenas vivida, é sentida no coração e na alma de cada um.

A procissão, com a imagem de São Sebastião ao lado de São Brás, segue pelo povoado de Trancoso como um fio que conecta todos, de mãos dadas com a devoção popular. É uma verdadeira dança com o tempo, um ressoar de cânticos que atravessa gerações, embalando cada alma que se encontra no caminho. E ali, na tarde que se estende, a procissão chega até a Igreja de São João Batista, a guardiã do vilarejo, onde a "dança do pau" entra em cena, levando ao seu auge a celebração, enquanto o mastro é trocado e fica ali, firme, para mais um ciclo de renovação.

Para o povo de Trancoso, São Sebastião não é um santo qualquer. Ele é símbolo de força, de resistência, de proteção. São Sebastião é o amparo no vento forte, o refúgio nas adversidades. Sua festa carrega um peso profundo de fé, renovação e pertencimento. É quando todos fazem parte de algo maior, de uma história que vai além do agora, que se entrelaça com o passado, mas que, ao mesmo tempo, se refaz a cada ano, em cada gesto, em cada canção.

Em 2020, tive a honra e o privilégio de ser a festeira de São Sebastião. E essa experiência não foi apenas uma festa para mim; foi uma verdadeira transformação. Foi quando senti, de verdade, que Trancoso me acolhia de uma forma única. Quando cheguei aqui, a Beth, minha mentora e quem me convidou para morar nesse lugar tão místico, me disse algo que nunca esqueci: "Trancoso, quando não aceita alguém, expulsa. A energia daqui é tão forte que, se não for para a pessoa ficar, é expulsa em até seis meses". Confesso que isso me deixou com uma certa ansiedade no começo, mas, à medida que os meses passavam e a vida seguia seu curso, sem qualquer sinal de expulsão, eu soube, lá no fundo do meu coração, que algo extraordinário estava prestes a acontecer. Esse lugar, com sua energia tão poderosa, me aceitou e eu passei a entender que minha jornada estava profundamente conectada a esse pedaço de terra abençoado.

Mastro da festa de São Sebastião.
Foto: arquivo pessoal.

A energia de Trancoso é assim: única, intensa, irresistível. É um lugar onde o tempo desacelera, mas o coração acelera, embalado por uma mistura perfeita de natureza exuberante e experiências refinadas.

E como se Trancoso quisesse mostrar que minha ligação com ele ia além do óbvio, algo muito simbólico aconteceu. Um mastro foi pintado para contar – não exatamente a história da minha vida, mas simbolizar minha essência –, o que sou, de forma pura e autêntica. O artista, seguindo uma tradição que passa de geração em geração, fez algo inusitado: pintou meu mastro com tinta fluorescente, para que brilhasse até mesmo nas sombras. E esse mastro, devido à pandemia, ficou por dois anos na porta da igreja, sem ser removido. Esse detalhe – que poderia parecer um pequeno acidente do destino – apenas adicionou mais camadas de significado à minha conexão com o local. Ele se tornou um símbolo de resistência, de permanência, de resiliência.

A experiência de ser a festeira de São Sebastião mudou minha relação com Trancoso. E é incrível como esse lugar, com seu povo e sua história, me transformou, me fez sentir que, de alguma forma, eu sou parte desse todo. E, acima de tudo, me fez entender que pertencemos a certos lugares, a certas histórias, a determinados momentos, não por acaso. Estamos onde somos esperados, onde a vida tem algo a mais para nos ensinar. E eu, ao ser parte dessa festa, senti que Trancoso me escolheu, com toda sua energia e magia.

A energia que transforma

Eu sempre soube que queria muito fazer essa festa. Tinha no coração a certeza de que era algo que eu precisava realizar, mas o caminho não era claro. Então fui até a porta da igreja, sem saber ao certo como dar o primeiro passo. Mas, de repente, em um momento de magia, Elba Ramalho se juntou a mim nessa jornada. O que se seguiu foi algo grandioso. Eu, ela, e a comunidade – tudo se alinhou para criar uma festa incrível.

Na minha mente, eu já sabia como queria que fosse. Um palco vermelho, vazado, com a Igreja ao fundo, banheiros da Saravá com ar-condicionado, tudo pensado para proporcionar o melhor, até para quem vinha de Sapirara, passava 24 horas ali e, até então, não tinha nem um banheiro decente. Eu queria dar à comunidade o mesmo nível de experiência que oferecia nos casamentos – uma entrega completa, feita com todo o coração.

E essa festa de São Sebastião se transformou de uma forma maravilhosa. Não porque eu tenha mudado o conceito dela, mas porque entreguei algo que faltava: qualidade, cuidado, respeito àqueles que me ajudaram a chegar até aqui. Eu não queria mudar a festa, apenas dar o melhor de mim, melhorar a experiência para todos, sem perder o espírito original. Afinal, a festa não era só minha, era de todos – de quem estava ali, presente, dando vida àquele evento. De quem me fez ser quem eu sou hoje.

Quando olho para essa experiência, vejo que o meu aprendizado foi imenso. Em um casamento, o meu papel é agradar a noiva, o noivo, a família. E, depois disso, cada um segue o seu caminho. Mas, quando eu organizo uma festa para a comunidade, não estou agradando apenas algumas pessoas. Estou celebrando com todos os que fizeram parte da minha trajetória. Estou celebrando com as pessoas que me deram força, apoio, que me mostraram o caminho para que eu chegasse até ali. Não fiz nada sozinha – todos trabalharam comigo. Cada pessoa que esteve ao meu lado teve um papel importante para que a festa fosse o que foi. E, ainda mais importante, eu estava fazendo aquilo no meu lugar, na minha terra, com o padre da igreja, com quem tenho uma conexão profunda. Era como fazer uma festa para o sagrado, que envolve não só a comunidade, mas também minha essência mais íntima.

Eu quis que fosse perfeito. Como se fosse um casamento, onde cada detalhe fosse pensado com cuidado e carinho. Depois de tudo realizado, o mastro, que representa a celebração, foi levado para o meu lar. Não era só um símbolo, mas uma transição, uma energia que se consolidava na minha vida, trazendo um novo começo, uma nova fase.

Aquela festa se tornou um marco. Ela me trouxe amizades incríveis, como a de Anjinha e Lulu, que carrego no coração até hoje. Mais do que isso, foi a chance de as pessoas me conhecerem de perto. Porque por muito tempo eu estive tão focada no trabalho, no esforço diário, na dívida que eu precisava pagar, no filho que eu estava criando, que mal sobrava tempo para viver plenamente com as pessoas ao meu redor. Mas elas não sabiam disso e muitas vezes não se sentiam à vontade para se aproximar de mim. Muitas vezes não temos a oportunidade de mostrar quem somos de verdade, de revelar nossa essência para o mundo. E aquela festa foi uma chance de mostrar o meu lado humano que muitas vezes precisa ceder lugar ao corre-corre da vida. O lado de quem tem pouco tempo, mas muito amor e dedicação a tudo o que faz.

Essa festa não foi somente um evento. Foi um processo de autoconhecimento e de reconexão com a minha verdadeira essência. Foi a mágica de viver e entregar-se sem medo. Porque, no fim das contas, é isso que faz a vida acontecer: a coragem de se doar, de se expor, de sentir a energia daquilo que nos conecta com os outros, com o sagrado e com nós mesmos.

• A Festa de São Brás

No dia 3 de fevereiro, a pequena Trancoso se transforma para celebrar a Festa de São Brás, um santo que dedicou sua vida a aliviar o sofrimento dos doentes e a ajudar os mais necessitados. Mais do que uma simples festa religiosa, é um evento vibrante, repleto de energia e emoção, na qual moradores e visitantes se unem para viver memórias da história, da fé e da generosidade desse homem que se tornou um símbolo de cura e proteção.

Essa celebração não é só feita de orações e rituais; mas também de uma comunidade que se reúne e de laços que se fortalecem em torno da música, da dança e da tradição. O forró e o samba tomam conta das ruas, enquanto as pessoas, ao som de músicas e risos, vão compartilhando histórias, alegrias e o prazer de estarem juntas. É uma festa que não conhece fronteiras e que acolhe a todos, desde os moradores mais antigos até os novos visitantes, como se todos já fizessem parte de uma grande família.

Mas o que mais marca a celebração de São Brás é a bênção das gargantas, um ato de fé profundo e simbólico, que ocorre no dia em que o santo é celebrado. Durante a cerimônia, velas acesas são levadas até os fiéis, representando a luz e a proteção que São Brás oferece. Elas são mais que simples chamas; são como um sinal de cura, de esperança e de renovação para cada um que se aproxima com fé. Em cada vela, uma oração, uma promessa, um pedido de proteção, especialmente para aqueles que enfrentam desafios de saúde.

E o mastro na frente da igreja é erguido com todo o cuidado e respeito. Mais do que um adorno, ele simboliza o pedido de bênçãos para a comunidade, um pedido coletivo, uma oração feita em conjunto para o bem-estar de todos. É um símbolo de unidade e de fé, que representa a força da coletividade e a confiança nas mãos de quem os guia, manifestada por meio das orações, das músicas ou dos gestos simples de carinho que são trocados durante os festejos.

Na Festa de São Brás, cada passo de dança, cada acorde tocado, cada palavra sussurrada aos ouvidos de um amigo ou vizinho, é um ato de fé viva, de energia compartilhada e de comunhão com aquilo que é maior que nós. E, ao final, quando a festa se despede com o calor da noite, o que permanece é a certeza de que ali, naquele momento, todos foram tocados pela força de um santo que não só curava os corpos, mas também os corações.

• A Festa de São João Batista

Em 25 de junho, o coração de Trancoso bate mais forte. A Festa de São João explode em cores, luzes e sons, reunindo moradores e turistas em uma celebração que transcende o simples ato de festejar. É uma data aguardada com ansiedade, porque mais do que fogueiras acesas, quadrilhas animadas e forró, essa festa carrega em si um espírito de renovação e uma verdadeira celebração da vida.

As fogueiras que iluminam a noite em Trancoso não são apenas chamas. Elas representam a purificação, a liberação das energias antigas e o acendimento de novas possibilidades. As quadrilhas, com seus passos desenhados no chão, são como a dança de uma comunidade viva, que mantém em seus movimentos a história e os costumes, mas que ao mesmo tempo abre espaço para a alegria das pessoas de estarem juntas, de serem parte uns dos outros.

O forró, com sua melodia envolvente, não é apenas uma música. Ele carrega a alma da cidade, reverbera nos corpos que se movem com leveza e paixão, criando uma atmosfera de acolhimento e pertencimento. É no ritmo da dança que as barreiras se dissolvem, as diferenças desaparecem e todos se tornam iguais. E é nesse espaço de alegria e calor humano que a festa se transforma em algo mais profundo. É o renovar da energia, o recordar do que já foi, mas com os pés firmes no presente e o olhar voltado para o futuro.

A Festa de São João, como todas as celebrações em Trancoso, é um momento de encontro. Não é só uma festividade, é uma manifestação da alma comunitária. Cada música, cada dança, cada gesto é uma reafirmação de que, apesar do mundo lá fora, aqui em Trancoso, o que importa é o que somos como coletividade.

...

As festas de Trancoso são, assim, muito mais do que tradições religiosas: são momentos de fortalecimento dos laços que nos unem, de preservação das nossas raízes culturais e de celebração de tudo aquilo que nos faz ser quem somos.

Nelas, passado e presente se encontram em um contínuo de celebração, e é nesse movimento que reside a verdadeira magia. Porque, em Trancoso, a festa é sempre um reencontro. Um reencontro com a história, com a vida, com os outros e consigo mesmo. E, ao final, quando a fogueira se apaga e o último acorde do forró se dissolve no ar quente da noite, fica a sensação de que vivemos algo único, algo que só aqui pode ser experimentado.

As festas de Trancoso
são, assim, muito
mais do que tradições
religiosas: são momentos
de fortalecimento dos
laços que nos unem,
de preservação das
nossas raízes culturais
e de celebração de tudo
aquilo que nos faz ser
quem somos.

PARTE 3

Foram muitos os eventos que pude concretizar e os sonhos que ajudei a realizar

FAZENDO SONHOS SE TORNAREM REALIDADE

Antigamente, Trancoso não era em nada parecido com o *hot spot* de casamentos que virou. Quando olho para Trancoso hoje, um paraíso que virou sonho de tanta gente, fico emocionada de saber que contribuí para isso acontecer. Antes, Trancoso era lindo, sim, mas não tinha essa badalação toda, esse borbulhar que a gente vê hoje no mundo dos casamentos. Agora, ele é um lugar desejado, onde todo mundo quer estar, onde as coisas acontecem.

E eu falo isso com muito respeito e uma pontinha de orgulho, porque sei que tive minha parcela de contribuição nessa transformação. Mas também tenho um pouco de receio de dizer que trabalhei muito para que isso acontecesse, que ajudei, contribuí nessa conquista, que é de todos nós. Não é fácil dizer que fui e sou parte ativa disso, sem dar a impressão de que estou me gabando.

Mas, sem dúvida, contribuí, assim como muitas outras pessoas, para que tudo isso acontecesse, de uma maneira que sei que marcou a todos. A verdade é que, sim, eu trabalhei muito, dei o meu suor, sonhei grande e ajudei a desenhar o que Trancoso é hoje no mundo dos eventos. Só que uma coisa precisa ficar clara: ninguém faz nada sozinho. Essa conquista não é somente minha, é de todo mundo que abraçou essa ideia, que vestiu a camisa e que acreditou comigo.

Com toda certeza, fui e sou apenas uma das pessoas que contribuíram para esse resultado. Cada pessoa é uma peça essencial. Se eu não tivesse os fornecedores incríveis, as pousadas charmosas, os restaurantes que vestiram a camisa, se todo mundo ali não estivesse disposto a crescer e a sonhar junto, nada disso teria acontecido e não teríamos chegado onde chegamos. A gente formou uma rede de parceria e confiança que transformou Trancoso em um dos destinos mais procurados do Brasil e, honestamente, também um dos mais desejados do mundo. Uma verdadeira corrente de parceria e confiança, cada elo mais forte que o outro. E é isso que fez Trancoso chegar ao ponto em que chegou.

Hoje, Trancoso não é só um cenário de tirar o fôlego. É uma experiência de casamento com que as pessoas sonham e disputam para viver. E eu fico honrada de fazer parte dessa história, de ter ajudado a desenhar esse destino dos sonhos.

Trancoso virou esse bem-querer no mundo dos casamentos: um destino superdesejado, disputado e cheio de encantos, que atrai gente de todos os lugares. Não é só bonito; é aquele lugar especial que combina beleza, estrutura e um clima que faz tudo ficar com uma vibe única, um jeito especial de colorir a vida. Quem escolhe Trancoso sabe que vai casar em um dos lugares mais cobiçados do momento, com uma energia que não se encontra em qualquer canto do mundo. O clima, o charme, a qualidade dos eventos são a alma desse lugar que transforma cada casamento em uma história única. Na verdade, o que sinto é que o amor nunca teve uma morada tão perfeita.

Eu, Trancoso e os casamentos

Nada na minha vida aconteceu da maneira convencional. Nunca foi como um conto de fadas; e digo mais: parece até que foi tudo meio ao contrário. Minha história foge daquela linha reta que a gente vê por aí: nada

Hoje, Trancoso não é só um cenário de tirar o fôlego. É uma experiência de casamento com que as pessoas sonham e disputam para viver. E eu fico honrada de fazer parte dessa história, de ter ajudado a desenhar esse destino dos sonhos.

aconteceu no "tempo certo", ou naquela rotina que todo mundo imagina. Sempre foi tudo meio fora da curva, sabe?

Não fiz faculdade na época "certa" – me formei só aos 30 anos. Fui mãe aos 16, quando eu mesma ainda estava me descobrindo, tentando entender quem eu era no mundo. E o sucesso profissional, aquele que faz a gente sentir orgulho da caminhada? Esse chegou mesmo só aos 38 anos, bem mais tarde do que eu poderia esperar, depois de uma longa estrada cheia de tropeços, recomeços e lições, mas com aquela força que você sente quando ele vem depois de tudo o que viveu e aprendeu.

Eu nunca tive o luxo de ter muitas opções. A vida foi me empurrando e fui seguindo, sem nunca poder escolher nada. Tudo vinha e me colocava em situações que eu precisava enfrentar, e pronto. Não dava para ficar escolhendo. Era pegar ou largar; e largar nunca foi uma possibilidade para mim.

Então, quando penso em Trancoso e nos eventos, sinto que não fui eu que decidi por nada disso. Se você me perguntar sobre trabalhar com casamentos, digo que não foi uma escolha minha. É como se Trancoso tivesse me escolhido. É como se a profissão de assessora de casamentos tivesse decidido que era para mim. Tudo ao contrário do que as pessoas podem imaginar: Trancoso me escolheu para ficar ali, os casamentos me escolheram para cuidar deles. O universo, Deus, a vida, seja lá como você quiser chamar, tudo foi me empurrando para isso.

A profissão de assessora de casamentos chegou dessa forma. Não foi um plano nem um sonho antigo. Foi a necessidade, pura e simples. Quando a oportunidade apareceu, eu não tinha outra escolha e simplesmente me agarrei nela como minha única forma de sobrevivência, como se minha vida dependesse disso. E, sendo sincera, dependia mesmo.

Eu sempre vivi na base da sobrevivência, desde que me entendo por gente. Eu tinha passado a vida inteira batalhando, desde criança, cada passo marcado pela necessidade de lutar para sobreviver. Na minha vida, a questão nunca foi o que eu queria fazer; mas o que eu precisava fazer. Cada passo meu era motivado pela urgência de pagar as contas, colocar a comida na mesa, garantir o básico para seguir em frente. Então, quando enxerguei essa chance, não hesitei. Quando vi uma brecha nesse universo de casamentos em Trancoso, não pensei duas vezes. Fui com tudo e agarrei a oportunidade. Pulei de cabeça e botei os dois pés nesse caminho; e segui em frente, mesmo com todo o medo e a incerteza que vinham junto com essa possibilidade.

E o mais incrível disso tudo é que às vezes a vida tem um jeito engraçado de te levar exatamente para onde você deveria estar, mesmo que o caminho até lá pareça uma bagunça. Foi isso que aconteceu comigo. Trancoso virou meu palco, e os casamentos se tornaram a minha arte, o meu trabalho, uma parte importante da minha vida. Hoje, olhando para trás, percebo que tudo fazia sentido, mesmo quando parecia que eu estava andando no escuro. Cada passo, cada decisão, cada luta me trouxe até aqui. E aqui, em Trancoso, eu encontrei mais do que uma profissão. Encontrei um propósito, uma paixão, um motivo para continuar sendo autêntica, sendo eu mesma, deixando sair sempre o melhor de mim para doar para as pessoas.

Então, não, eu não escolhi Trancoso. Mas, de alguma forma, Trancoso me escolheu. E eu agradeço todos os dias por ter tido coragem de dizer "sim" àquela oportunidade que mudou minha vida.

Meu diferencial como assessora de casamentos

Se a pessoa tem um sonho, seja lá qual for, e ela me contrata e confia em mim para realizá-lo, o mínimo que posso fazer é dar e entregar o meu melhor. Eu sou apaixonada pela perfeição e pela organização; gosto de tudo perfeito, organizado e focado na satisfação da pessoa que me contrata.

Na minha visão, se você não está disposto a ser o melhor em um momento tão importante na vida de alguém, então nem deveria assumir essa responsabilidade. Se você não pode ser o melhor naquele momento, não aceite a tarefa de realizar o sonho de alguém.

Se a pessoa tem um sonho, seja lá qual for, e ela me contrata e confia em mim para realizá-lo, o mínimo que posso fazer é dar e entregar o meu melhor. Eu sou apaixonada pela perfeição e pela organização; gosto de tudo perfeito, organizado e focado na satisfação da pessoa que me contrata.

Para mim o casamento é algo muito sagrado e envolve uma emoção que vai bem além do trabalho. Principalmente porque desde criança eu procurei muito formar uma família. Então, quando me disponho a ajudar a celebrar o nascimento de uma, isso mexe comigo de uma maneira diferente e muito forte. Mesmo hoje, tantos casamentos depois, ainda choro de emoção. São momentos em que eu me emociono e dou o meu melhor.

Eu dou sempre 120% de mim em cada casamento. E tem fornecedores que brincam, dizendo: "Toda noiva é sua prima, toda noiva é sua amiga, toda noiva é sua irmã. Então, quando é que você vai ver isso só como um trabalho?". Mas é aí que está a beleza disso: acho que o dia que eu parar de colocar essa emoção, é melhor procurar outra coisa para fazer.

A gente vem de uma cultura em que as pessoas mal entregam o que foi combinado, o que elas são pagas para fazer. Para mim, isso não basta. Eu penso que não pode ser assim. Quero fidelizar aquela pessoa e fazer com que ela leve consigo uma lembrança verdadeira, algo que ela nem esperava, um mimo, um toque que transforme tudo. Pode ser uma lembrança material, mas, mais ainda do que isso, quero criar uma conexão emocional com ela.

Por isso as pessoas dizem que o meu diferencial está no meu olhar amigo, carinhoso, atento e detalhado. E também na minha vontade genuína de entregar tudo de melhor, além da minha disposição de resolver o que for necessário para que a pessoa que me contrata realmente se sentir importante e satisfeita.

Seja qual for a situação, as pessoas têm certeza de que vou tentar resolver de todas as formas que forem possíveis. Afinal, isso foi o que aprendi com a minha mãe, que sempre me dizia: "Se você, Mannu, não resolver, ninguém mais vai resolver". E isso eu aplico não só nos detalhes do casamento, mas também nos detalhes da vida de cada cliente, de cada sonho que ele traz para eu ajudar a realizar.

Então, sim, meu diferencial é esse envolvimento profundo. É principalmente o cuidado com os detalhes da vida e dos desejos de cada cliente. Não sei ser de outra forma.

Sempre tenho muito cuidado com os detalhes da vida e dos sonhos de cada cliente

O principal diferencial que tenho como assessora de casamentos é o cuidado com os detalhes da vida e dos sonhos de cada pessoa. Porque, afinal, são eles que transformam um casamento em algo único, especial e inesquecível. É nos detalhes que estão os grandes resultados e a satisfação máxima do cliente.

Cada cliente tem a sua história, os seus sonhos e aquele jeitinho particular de imaginar o grande dia. E, para mim, isso não é apenas um detalhe a mais – é o coração de tudo o que faço. Por isso, cuido sempre de saber o que é importante para cada cliente e de correr atrás de satisfazer essas necessidades deles.

Tenho sempre o cuidado de ouvir de verdade, prestar atenção e mergulhar nos menores desejos de cada casal. É nos detalhes que a mágica acontece, e é por meio deles que consigo criar algo que seja mais do que uma festa bonita, algo que se transforma em uma experiência que vai ser lembrada por uma vida inteira.

Sabe aquele momento em que o noivo olha para o altar e percebe que a música que está tocando é exatamente a que ele pediu, porque era a mesma que tocava no rádio quando ele pediu a noiva em casamento? Ou quando a mãe da noiva encontra um cantinho especial no casamento que tem um retrato antigo da família, algo que ela nem imaginava que estaria ali? São esses pequenos toques que fazem tudo ganhar um significado maior.

Eu não acredito em casamento "de prateleira". Não tem "pacote pronto", quando organizo um casamento. Cada evento que organizo é criado com base no que importa para o casal. Para isso, sempre faço questão de sentar, ouvir e entender não só o que eles querem para o casamento, mas o que faz parte da história deles – aquelas memórias, gostos e sonhos que, muitas vezes, nem cabem em palavras.

No fim, o meu trabalho vai além de organizar casamentos. Ele consiste em criar memórias, contar histórias e cuidar para que cada detalhe seja uma homenagem à vida e aos sonhos de quem confiou em mim para um dos dias mais importantes da sua vida. Isso é o que realmente faz meu coração bater mais forte.

Para você entender melhor o que estou dizendo, quero falar de algumas situações bastante importantes para a organização de um casamento:

• Um sonho e uma valsa

Lembro de um momento tão especial que só de pensar fico com o coração aquecido. Foi em uma degustação, uma dessas reuniões que eu sempre faço questão de acompanhar de perto, que o pai da noiva, com um sorriso tímido e os olhos cheios de emoção, me contou algo que mexeu comigo. Ele disse, quase como um desabafo: "Sempre sonhei em dançar uma valsa com minha filha no seu aniversário de 15 anos, mas esse momento nunca aconteceu. Ela não quis festa, sabe? E eu fiquei com aquele sonho guardado comigo".

Eu ouvi aquilo e senti um aperto no coração, mas ao mesmo tempo tive uma vontade enorme de mudar aquela história. Na mesma hora, senti que aquilo era algo que não podia passar em branco. Eu ficava dizendo para mim mesma: "Mannu, dá para fazer algo mágico aqui".

Então, liguei para a noiva no mesmo dia e propus uma ideia. Falei com todo carinho: "Que tal surpreendermos seu pai? O que você acha de dançar uma valsa com ele no dia do casamento?". Ela ficou em silêncio por alguns segundos e, em seguida, respondeu com uma voz emocionada: "É claro, Mannu… Eu topo. Ele merece!". E preparamos juntas essa surpresa para ele. Assim, criamos um momento memorável.

A partir dali, começamos a planejar essa valsa com todo o cuidado do mundo. Nada de ensaios, nada de avisos. Era para ser uma surpresa, algo espontâneo e cheio de emoção. No grande dia, quando chegou o momento, chamamos o pai da noiva para a pista, sem que ele soubesse o que estava por vir. E então, lá veio ela, vestida de branco, radiante, com a música começando a tocar ao fundo.

Quando aquele pai viu a filha se aproximando para a valsa, foi como se o tempo parasse. Ele olhou para ela como se estivesse vendo sua menininha de 15 anos de novo. Os olhos dele se encheram de lágrimas. A dança foi muito mais do que passos sincronizados; foi um reencontro com um sonho, uma conexão cheia de amor e significado.

Aquele pai chorava de emoção, cada lágrima contando um pedaço desse sonho que agora, finalmente, se realizava. Eu olhava para ele e para ela e sentia uma felicidade indescritível, por ter feito parte de um momento tão cheio de significado, por ter contribuído para tornar o momento mais feliz da vida de sua filha ainda mais especial, realizando o sonho do pai.

Observando tudo de longe, senti aquele nó na garganta que a gente só sente quando está diante de algo realmente bonito e verdadeiro. Esse momento me marcou de forma profunda. Foi ali que eu me lembrei, mais uma vez, do porquê de fazer o que faço. Não se trata só de organizar festas ou de criar eventos impecáveis. Mas de tocar vidas, criar memórias e ajudar a realizar sonhos que, às vezes, a vida deixou para trás. E transformar histórias e emoções em momentos que ficam para sempre.

Esse é o tipo de acontecimento que me faz amar cada vez mais o que eu faço. Ajudar a tornar o dia mais feliz da vida de alguém ainda mais especial é um privilégio. Este é o verdadeiro valor do meu trabalho: criar conexões e tocar corações de um jeito que vai muito além do esperado. Construir pontes entre sonhos e realidade. Criar momentos que falam mais alto que qualquer palavra, que deixam marcas nos corações e que me fazem sentir, todos os dias, que estou exatamente onde deveria estar.

• Unir dois mundos é uma arte e uma paixão

No meu trabalho, a gente não só organiza casamentos; a gente vai muito além de flores bonitas e um buffet impecável, e mergulha fundo na essência das pessoas, estuda com carinho a cultura dos casais. E quando trabalho com casamentos intraculturais, a missão se torna ainda mais intensa. Porque é preciso construir uma ponte que conecte as histórias do noivo e da noiva, é preciso conciliar duas culturas e dois mundos, equilibrar tradições, sonhos e detalhes que representem a essência de cada um deles. E os clientes não precisam nem ser estrangeiros para isso, nem ser um casal de nacionalidades diferentes. Às vezes, basta juntar alguém de Manaus com alguém do Rio Grande do Sul para o desafio cultural ser imenso.

É por isso que sempre digo que unir um casal de dois mundos diferentes é uma arte e uma paixão. Porque o que funciona para um lado do país pode não fazer sentido para o outro. Cada detalhe precisa ser levado em conta, para que os dois noivos se sintam representados. E não é só uma questão de decoração ou de escolher pratos típicos. E, sim, de traduzir a essência de quem eles são, em cada detalhe do evento. Isso começa muito antes de pensar na festa em si.

Preciso entender as tradições, os costumes e até mesmo a logística. Tenho que estudar as duas culturas, pensar nos voos dos convidados dos dois, estudar a melhor data, até chegar a um consenso que seja melhor para ambos. Imagine a dificuldade de se organizar voos e datas para pessoas de dois extremos do Brasil. É muito mais complexo do que parece.

Mas não para por aí. O verdadeiro segredo está em fazer com que os noivos se sintam completamente representados. A festa tem que respirar a cultura dos dois, representar a alma de ambos. Cada tradição, cada gosto, cada detalhe precisa estar em harmonia. Não dá para priorizar um e esquecer o outro. É preciso encontrar o equilíbrio perfeito, onde cada um olhe para o evento, se identifique e se sinta representado. Não pode faltar nada do que é importante para cada um dos noivos. Tem que ter as preferências e a cultura dos dois, tudo em harmonia e refletidas ali no evento.

Agora, um ponto em que isso fica mais desafiador é a escolha das músicas que serão tocadas no evento. Porque a música é o mais importante, é a alma da festa. Você pode servir a melhor bebida e a melhor comida, trazer as flores mais caras, criar um ambiente delirante e de tirar o fôlego, mas se a música não for boa a festa não vai embalar.

A música precisa conectar todo mundo e principalmente refletir o jeito de ser dos noivos. Ela tem de representar as preferências de cada um deles.

Mas, então como fazer quando você junta duas culturas completamente diferentes, com músicas e tradições próprias? Como fazer quando essas preferências são tão distintas? Tipo um noivo que ama forró e uma noiva apaixonada por música eletrônica? Como fazer em um caso desses?

É nesse ponto que entra uma parte muito delicada do meu trabalho: buscar uma solução que una os dois universos. E eu não paro enquanto não encontro algo que funcione. Já teve caso de chamar um DJ que criou um remix de forró com eletrônico. Ou então, busco trazer uma música antiga repaginada que signifique muito para um dos noivos, mas com uma batida moderna para agradar o outro. Tudo isso porque a festa não é só para os convidados; ela é, antes de tudo, para os noivos. Mas deve agradar a todos.

Poucas pessoas pensam na música como eu penso. Porque, no fim, cada escolha, cada remix, cada acorde, cada letra, cada pausa carrega uma história e tem que fazer sentido. É assim que a gente faz a festa não ser só mais uma, mas a expressão mais bonita do encontro entre duas culturas e, em essência, do encontro de duas almas.

E quando tudo isso se encaixa, quando os dois mundos finalmente dançam juntos – seja no palco, na pista ou no coração dos noivos –, o resultado é algo muito maior do que uma festa. É o início de uma nova vida a dois, na qual as diferenças não dividem, mas unem, e é o marco de uma linda vida juntos.

E é por isso que eu amo fazer o que faço. Porque, no final, o que eu entrego não é apenas um casamento; é uma celebração que traduz duas histórias em uma só. Uma união cheia de significado e amor.

• Os noivos: duas pessoas diferentes, com pensamentos e sonhos diferentes

Uma das coisas mais importantes que devemos entender nesse caminho de organizar casamentos é que não é o evento de uma única pessoa. Casamento é o encontro de dois universos, de duas pessoas com pensamentos, gostos, prioridades e preferências – que muitas vezes são completamente distintos. Cada casamento traz dois universos diferentes e é preciso estar atento ao que faz cada um dos noivos vibrar, o que é mais importante para cada um deles. Parece algo simples, mas isso muda tudo na hora de organizar o evento. E sabe o que é mais lindo nisso? É justamente nesse encontro que a magia acontece.

Minha missão vai além de criar uma festa bonita. É um trabalho de equilíbrio, de escuta e, muitas vezes, de mediação. Além de procurar harmonizar as culturas dos noivos, é preciso ficar atenta para administrar bem os pedidos pessoais tanto da noiva quanto do noivo. Por isso, é preciso sempre perguntar diretamente, para cada um deles, o que considera o mais importante no evento. Assim, vou conhecendo o casal e trabalhando naquilo que é mais importante para cada um. Porque não adianta negar: a noiva tem, sim, os sonhos dela, o noivo tem, sim, as expectativas dele; e meu papel é fazer com que tudo isso se encaixe de forma harmoniosa.

Por isso, faço questão de conversar muito com os dois, individualmente e juntos. É nessa conversa que descubro o que importa de verdade para cada um deles, que entendo quais são suas prioridades, como casal e indivíduos. Cada casal tem suas próprias prioridades. Uns querem a melhor comida, daqueles pratos que os convidados não esquecem. Outros se preocupam com a decoração, querendo que cada detalhe conte uma história. Tem também quem valorize a música, o som que vai embalar as memórias daquela noite. E, às vezes, aparecem pedidos tão únicos que me deixam encantada. Já tive noivos que queriam um horário exato para que o casamento fosse realizado no momento do pôr do sol ou que faziam questão de que o ambiente tivesse o cheiro das flores que marcaram um momento especial da relação deles.

Cada conversa é uma oportunidade de aprofundar a conexão com o casal e traduzir os seus sonhos em algo concreto. E o meu papel é esse: equilibrar, coordenar e, muitas vezes, mediar para que tudo que é importante para eles apareça no grande dia.

E é aí mesmo que o meu trabalho realmente começa. Eu escuto, anoto, reflito. A cada conversa, vou entrando mais no universo de cada casal, entendendo suas histórias, suas essências, e transformando isso em algo concreto. E sabe o que é mais incrível? Esses detalhes, que parecem pequenos, são os que fazem toda a diferença no grande dia.

Enfim, organizar um casamento é um trabalho de equilíbrio. Não é só unir dois sonhos; é honrar duas histórias. Meu papel é garantir que, no dia do casamento, cada noivo olhe para aquele evento e veja um reflexo verdadeiro de quem são – juntos e individualmente.

E quer saber? Esse é o maior privilégio do meu trabalho. Porque, quando tudo se encaixa, quando o sonho da noiva se encontra com o do noivo, o que nasce é algo único, uma celebração que ninguém mais poderia ter. É o início de uma vida a dois, com respeito, equilíbrio e amor em cada detalhe.

TRANCOSO: A REALIZAÇÃO DE UM SONHO DE INFÂNCIA

A primeira vez que vim para Trancoso eu ainda era uma criança, no início da adolescência. Vim andando pela praia desde Arraial D'Ajuda. Queria ver a praia de nudismo que tinha na região. Mas só consegui ver mesmo foi a Elba Ramalho de topless. Isso marcou muito a minha vida, porque ela já era famosa e eu fiquei impressionada. Hoje, Elba é uma grande amiga e continua tendo casa aqui em Trancoso.

Na segunda vez que vim para cá, foi para uma festa de Iemanjá, na Pousada Estrela D'Água que, no futuro, se tornou o local em que trabalhei durante mais de dois anos.

No início, eu achava Trancoso um mundo à parte e não conseguia imaginar que um dia pudesse morar e trabalhar aqui, e me tornar parte da cidade, assim como a cidade se tornou parte da minha vida, como é hoje.

Quando surgiu uma possibilidade de trabalho em Trancoso, agarrei com todas as forças, porque eu não tinha outra alternativa. Eu havia quebrado financeiramente em Brasília, falido nos meus negócios. Trabalhar em Trancoso seria uma forma de me sustentar e também de mandar dinheiro para meu filho, que na época estava fazendo faculdade. Aceitei a oportunidade de trabalhar em um hotel, mesmo não entendendo absolutamente nada de hotelaria. E daí para frente, minha história em Trancoso começou a ser construída.

Costumo dizer que a minha visão empreendedora sempre existiu, desde criança. Lembro que na escola eu vendia de tudo. Se alguém se interessasse pelo meu lanche, eu vendia e ainda tirava um pedaço, para não ficar com fome. Conforme o tempo foi passando, acabei confirmando esse meu tino para os negócios e então fui construindo tudo o que conquistei.

Minha casa, um sonho que virou realidade, ganhou forma pelas mãos do meu melhor amigo e arquiteto, Marcel. Mais do que paredes e espaços, ele traduziu minha essência em cada detalhe.
Foto: arquivo pessoal.

A capacidade de me reinventar constantemente

Cheguei a Trancoso carregando uma dívida de um milhão e meio de reais, resultado da falência do meu restaurante em Brasília. Meu restaurante japonês foi meu último empreendimento antes de me mudar para cá e sua falência me deixou profundamente endividada, além de enfrentar muitos processos trabalhistas.

Contudo, minha infância turbulenta e o rigor da minha mãe, que me incentivou a trabalhar muito cedo, trouxeram experiências que me tornaram diferente do resto do mundo, me fazendo capaz de enfrentar os desafios da vida. Ao longo da minha trajetória, uma das lições mais valiosas que aprendi foi a capacidade de me reinventar e de me levantar do zero nas várias vezes em que enfrentei crises. Desistir nunca foi uma opção para mim.

Em Trancoso, precisei recomeçar pela milésima vez. Porém, começar do zero nunca foi um problema, pois sempre acreditei que, um dia, tudo iria melhorar. Em nenhum momento da minha vida deixei de acreditar em Deus. Minha fé é inabalável. Sou uma pessoa que acredita firmemente que quem faz o bem, planta o bem, colhe o bem. Além disso, aprendi que é preciso tirar lições de todas as experiências negativas, pois não há nada que ocorra sem um motivo. Tudo serve para o aprendizado e para nos tornarmos pessoas melhores a cada dia.

Essa mentalidade, sem dúvida, reflete a minha forte crença no bem, pois sempre me vi realizando grandes feitos e nunca considerei a possibilidade de falhar. Cada novo negócio ou projeto que iniciei foi encarado com a certeza de que tinha potencial para prosperar. E de ajudar outras pessoas a prosperarem comigo.

Com esse espírito, quando comecei a trabalhar na Pousada Estrela D'Água, tudo o que eu queria era superar a crise daquele momento, limpar meu nome e buscar um mínimo de dignidade para viver.

Tudo o que conquistei ao longo do tempo foi baseado na minha convicção de nunca passar por cima de ninguém ou prejudicar alguém para alcançar meus objetivos. Cada conquista foi fruto de respeito, gratidão, ética e solidariedade. Sempre me preocupei não apenas comigo, mas com todas as pessoas ao meu redor.

Sempre aproveitei todas as oportunidades

Sempre fui alguém que incentiva e apoia os outros, seja marido, irmão, amigo, fornecedor ou parceiro de negócios. Tenho uma visão que vai além do que as pessoas muitas vezes acreditam ser possível alcançar. Não sei se essa capacidade de enxergar além dos limites comuns veio comigo, como parte da minha essência, ou se a desenvolvi ao longo da vida, tentando sobreviver e enfrentar as dificuldades da minha jornada. Mas a verdade é que essa visão aguçada me ajudou a perceber oportunidades onde muitos veem somente obstáculos, permitindo que eu identificasse negócios promissores.

Desde que cheguei a Trancoso, nunca deixei passar nenhuma que surgiu. Desde a primeira vez que pisei aqui, agarrei todas as chances que apareceram em meu caminho. A primeira delas foi aceitar o emprego na Pousada Estrela D'Água, mesmo sem entender nada sobre o setor de turismo. Aceitei o desafio, movida pela vontade de aprender e crescer, e também pela necessidade de pagar minhas dívidas. A segunda grande oportunidade surgiu quando Isabel Cabral me convidou para organizar seu casamento. Apesar da minha falta de experiência na área, ela confiou em mim e me ofereceu o mesmo valor que pagaria a uma assessora experiente. Além disso, me incentivou a estudar o que eu não sabia. Esse primeiro casamento que fechei se tornou um marco na minha trajetória e um dos momentos mais significativos da minha vida, impulsionando meu desejo de me aprofundar nesse mercado.

A partir desse ponto, quando comecei a organizar vários casamentos, percebi que nada é impossível quando se tem dedicação, força, coragem e, principalmente, compromisso com a qualidade. Trancoso é um lugar que exige excelência em tudo o que fazemos. As pessoas que visitam a região pagam bem, mas também esperam muito em troca – um padrão elevado de serviço e um cuidado especial com cada detalhe. Essa compreensão não apenas moldou meus negócios, mas também tornou mais aguçada a minha visão empreendedora, transformando desafios em oportunidades e me inspirando a criar experiências memoráveis e exclusivas para cada cliente.

Superando desafios

Uma das maiores dificuldades que enfrentei no início da minha jornada, ao começar a organizar casamentos em Trancoso, foi o fato de existir um grupo fechado que dominava o mercado. Esse grupo não me dava muita abertura e dificultava as negociações de preços, o que tornava a venda da minha hospedagem e a organização dos eventos mais desafiadoras. Percebi que, para superar essa barreira, precisava ser proativa e buscar alternativas que me tornassem mais visível. Assim, comecei a procurar outros fornecedores na região que pudessem atender às minhas necessidades e fazer boas parcerias.

Como eu já havia morado em uma cidade próxima, consegui identificar e localizar fornecedores de confiança, mesmo sem saber exatamente como tudo funcionava naquele novo contexto. Acredito que a confiança mútua foi fundamental nesse processo; eles confiaram em mim e eu me esforcei ao máximo para atender à demanda que começava a surgir.

Uma das maiores dificuldades no início, e que se transformou em um dos segredos do meu sucesso, foi a escassez de fornecedores qualificados. Diante dessa situação, decidi não apenas buscar, mas também incentivar a formação de novos fornecedores na região. Sempre que sentia a necessidade de um serviço específico, como bolos, doces ou vídeos, incentivava as pessoas a se qualificarem e a se especializarem naquilo. Por exemplo, se precisava de bolos para os casamentos, estimulava a produção de bolos caseiros e criativos. Se surgia a demanda por doces, encorajava a produção de variedades que pudessem surpreender os clientes. E, quando a necessidade por vídeos de alta qualidade se tornava evidente, eu incentivava a criação de um pequeno grupo local de produtores de vídeos.

Com o tempo, essa estratégia começou a dar frutos. Consegui reunir diversos fornecedores para atender diferentes itens necessários para os casamentos e, à medida que esses fornecedores se destacavam, atraíam ainda mais novos profissionais para o mercado. Assim, fui não somente incentivando, mas também contribuindo para o fortalecimento do mercado local, promovendo a qualificação e capacitação de pessoas que estavam dispostas a atender a demanda por produtos e serviços. Essa dinâmica se tornou uma parte essencial da minha trajetória, estabelecendo um movimento positivo que ajudou a transformar Trancoso em um destino ainda mais atrativo para casamentos e eventos.

No entanto, em termos pessoais, dentre todos os desafios que precisei enfrentar, o mais complicado foi a oposição de meu ex-namorado, dono de pousada. Ele dizia que a cidade era pequena demais para nós dois e que eu não podia ficar em Trancoso. Essa foi uma situação que realmente gerou muito desgaste e me deu muito trabalho para acertar. Por fim, acabei por lidar com isso de modo a deixar tudo resolvido.

Os outros desafios eu já estava acostumada a enfrentar. A vida é sempre bem complicada, bem difícil, mas eu já estava acostumada a lidar com isso. Não chegavam a me estressar porque, em vez de focar nos problemas, eu sempre buscava soluções.

Dessa forma, à medida que as coisas foram acontecendo, foram surgindo as oportunidades, vindo as necessidades e os negócios foram se desenvolvendo. E uma das coisas que mais me animam é ver que minha postura empresarial em Trancoso transformou não só a minha vida como também tem mudado a de centenas ou até de milhares de pessoas. Porque, à medida que vou organizando os eventos, vão surgindo muitas necessidades, e procuro contratar soluções com outros empresários e profissionais locais. Assim, outras empresas são aquecidas e novos empregos são gerados. Esse ecossistema turístico passa a beneficiar taxistas, confeiteiros, profissionais de beleza, e mais um mundo de outras atividades. Consequentemente, todo mundo acaba lucrando.

Isso é o que eu chamo de turismo em cadeia, uma cadeia enorme que favorece o crescimento de muitos profissionais e empresários, e contribui para uma sociedade mais completa e feliz.

Transformando a vida das pessoas de Trancoso

O que vejo hoje é que tudo o que venho construindo a partir de minha visão empresarial, e com a colaboração de muita gente boa, acabou se transformando em um movimento que impactou não só a minha vida mas também a de muitas pessoas em Trancoso. Quando comecei, percebi que o potencial do lugar estava muito além das praias paradisíacas e do turismo sazonal; Trancoso tinha a chance de se tornar um destino ativo o ano todo, com casamentos, eventos e uma economia local mais aquecida.

Do ponto de vista econômico, Trancoso, assim como outras cidades que se tornaram destinos para casamentos, experimentou um impacto significativo na sua economia e na qualidade de vida. Lugares que antes eram movimentados apenas durante temporadas específicas passaram a receber visitantes o ano inteiro. Restaurantes que fechavam após o Carnaval agora operam continuamente, e hotéis mantêm alta ocupação mesmo fora de época. Outros destinos no Brasil, como Búzios e São Miguel dos Milagres, também sentiram esse crescimento, e novas localidades, como Tiradentes, em Minas Gerais, estão emergindo como opções populares para esses eventos. Tudo indicando que o nosso caminho em Trancoso realmente é excelente e tem se tornado melhor a cada dia.

Como não me canso de reafirmar, esse movimento beneficia toda a economia local, impactando setores como transporte aéreo, transfer, hospedagem, gastronomia e beleza. Uma ampla rede de profissionais e serviços é mobilizada, fortalecendo o desenvolvimento econômico e social desses lugares.

Ao promover casamentos na região, precisei desenvolver uma rede de fornecedores locais que nem existia na época. Assim, muitos profissionais, como confeiteiros, floristas, músicos e fotógrafos, começaram a ver em Trancoso uma chance real de crescimento. Incentivei a qualificação desses fornecedores, ajudei-os a entender o valor do serviço que ofereciam e como poderiam atender à demanda crescente do mercado de casamentos.

À medida que a economia de Trancoso se aquecia, o impacto era sentido em diferentes camadas: desde o vendedor ambulante até os negócios maiores.

Restaurantes, pousadas e outros serviços passaram a funcionar em períodos mais amplos e direcionar seu foco para um atendimento ampliado e de qualidade, para uma clientela cada vez mais exigente. Pessoas que talvez nunca tivessem imaginado ter seu próprio negócio ou viver do turismo começaram a encontrar oportunidades e a acreditar na possibilidade de crescimento profissional e financeiro.

Cada casamento, cada evento e cada novo projeto colabora para gerar empregos, movimentar a economia e fortalecer o espírito comunitário da região. Essa transformação é uma vitória coletiva. No que me diz respeito, ver como isso ajudou tantas pessoas a crescerem e a prosperarem, a sonharem mais alto, é algo que levo comigo como uma das maiores conquistas e que aquece meu coração a cada dia.

Criando eventos e casamentos e realizando sonhos

Ao longo da minha jornada, vivi momentos que não apenas marcaram a minha vida, mas que também deixaram muita emoção na vida de tantas pessoas. Clientes que começaram como desconhecidos e, entre abraços, risos e desafios, se tornaram grandes amigos. Foram esses encontros, carregados de histórias e sonhos, que me moldaram e me trouxeram até aqui, como uma empresária que fez de Trancoso o palco não só do meu trabalho, mas da minha própria história.

Entre todas as experiências que já vivi, os casamentos sempre tiveram um brilho especial. Eles não são apenas festas; são a realização de sonhos que ressoam muito além dos noivos. Cada detalhe, cada escolha, cada emoção que transborda no altar acaba se multiplicando entre os convidados, entre os moradores de Trancoso e, sem dúvida alguma, dentro de mim.

São histórias que começam com um telefonema ou um e-mail cheio de expectativas e evoluem para abraços emocionados e olhares de gratidão. Cada casamento que ajudei a criar não foi somente um evento: foi um capítulo transformador, para os noivos, que carregam aquele dia como um marco em suas vidas, e para mim, que vi em cada celebração uma oportunidade de me reinventar.

Eu sempre digo que organizar um casamento aqui em Trancoso é como costurar histórias: cada pedacinho vem de um lugar, de uma memória, de um sonho, que às vezes nem os próprios noivos sabiam que tinham.

Eu sempre digo que organizar um casamento aqui em Trancoso é como costurar histórias: cada pedacinho vem de um lugar, de uma memória, de um sonho, que às vezes nem os próprios noivos sabiam que tinham. E a mágica acontece quando tudo se junta – o cenário, as pessoas, o amor, a energia da terra – e cria algo único. Algo que ninguém jamais esquecerá.

Mais do que trabalhar, eu vivi intensamente cada um desses momentos. Eu me entreguei ao sonho de outras pessoas como se fosse meu, porque, de certa forma, sempre foi. E assim, cada casamento, além de marcar a vida de quem celebrou o amor, também me transformou, deixando em mim uma coleção de memórias inesquecíveis.

Hoje, quando olho para trás, percebo que não foram apenas eventos. Foram verdadeiras pontes que me conectaram com histórias, com pessoas, com a energia única de Trancoso – e, acima de tudo, comigo mesma.

O que é que define se o casal vai se casar em Trancoso

Para mim, não é o destino que escolhe se o casal vai se casar em Trancoso e nem mesmo a minha assessoria que decide por eles. É algo que vem de dentro, do coração dos noivos. Sempre que um casal me procura, faço questão de perguntar: "Por que Trancoso?". Essa pergunta é muito mais profunda do que parece. Eu preciso entender se eles têm uma conexão verdadeira com o lugar ou se estão simplesmente seguindo uma tendência, uma moda.

Casamento é algo muito pessoal. E Trancoso, com toda sua energia, seu encanto, sua simplicidade e magia, não é para todo mundo. Não tem certo ou errado, tem apenas o que faz sentido para cada pessoa. Nem tudo combina com você, assim como nem tudo combina comigo. Nem tudo é para você e nem tudo é para mim. É preciso ouvir o coração. No fundo, cada um sabe o que é melhor para si mesmo.

Então, é parte do meu trabalho identificar o que os noivos realmente querem. Porque muitas vezes a pessoa ainda não internalizou o seu desejo, ela não consegue discernir com exatidão o que quer. Em muitos casos os noivos ainda não têm certeza do que desejam de verdade, não perceberam bem o que buscam.

Nesse sentido, preciso ajudar o casal a identificar se o que estão escolhendo é mesmo o que eles desejam. Se aquilo que querem comprar é realmente o que querem ter. Muitas vezes, quando percebo que a vontade deles ainda não está clara, acabo me tornando uma espécie de guia nesse processo.

É aí que entro em cena, trazendo clareza. Explico o que significa casar em Trancoso: o lifestyle único, o charme rústico, o toque autêntico que só esse lugar pode oferecer. Sempre deixo bem claro que Trancoso tem alma, tem uma simplicidade encantadora e um jeito próprio que atrai quem se conecta com isso. É simples, é despretensioso, mas carrega uma energia que encanta quem está aberto a vivê-la. Meu papel é ajudar o casal a enxergar se eles realmente se conectam com essa essência, se esse destino faz sentido para eles.

Mas também deixo claro que Trancoso não é para todo mundo. Se o sonho deles é um casamento em um salão impecável, com estradas perfeitas para os convidados e um teto coberto por mil orquídeas, talvez o nosso pedacinho de paraíso não seja a escolha certa.

Porque, no final, casar em Trancoso não é só uma decisão estética ou lógica. É um desejo genuíno. É sentir, no coração, que esse é o lugar onde a história do casal deve ser celebrada. E quando o coração fala e a gente ouve, tudo fica mais claro e perfeito.

O casamento de Isabel Cabral e Ricardo Sarney Fernandes Costa

Isabel Cabral foi, sem dúvida, a noiva mais importante da minha vida. Acabei fazendo o casamento dela, mas inicialmente esse não era o meu plano. Foi graças a ela que entrei no negócio de casamentos, mesmo sem ter nenhuma experiência anterior. Eu já havia feito muitos eventos, tinha organizado blocos de micareta, shows e coisas do tipo, mas ainda não tinha feito casamentos.

Foto: Georgeana Godinho da Cunha.

A Isabel tinha pegado um orçamento com uma empresa da região, incluindo hospedagem na Estrela D'Água. Mas achou tudo muito caro e decidiu cancelar. Como ela iria fechar a pousada comigo, eu não podia deixá-la desistir, porque queria muito bater a meta de hospedagem naquele mês. Eu estava prestes a perder a reserva e então fui atrás de alguns fornecedores e consegui negociar com vários deles. Fui falar com a Lê, da Defleur, e o Marcelo, da Proporsom, em Eunápolis, e também encontrei alguém que fizesse o buffet, para que o casamento dela pudesse acontecer ali conosco.

Conversei com o sr. Vitório, pai da noiva, e apresentei a ele a Lê e o Marcelo, e disse que eu conhecia o trabalho deles e que ele podia confiar, que poderiam executar o casamento de maneira muito competente. O sr. Vitório respondeu que se eu confiava neles ele também confiaria. E então tudo se acertou e o casamento parecia que seria realmente realizado em Trancoso.

Antes que eles fossem embora, marquei com uma das assessoras de eventos da região para encontrar com eles no aeroporto. Eu queria ter certeza de que eles receberiam o melhor para poder realizar o casamento aqui. Depois desse encontro, todos foram para suas casas.

Como fiquei ansiosa para saber se tinha dado tudo certo com aquela assessora que indiquei, liguei para a noiva, já no Rio de Janeiro, e ela disse que não. Eu gelei e pensei: "Pronto, perdi a minha hospedagem. Agora ela vai mesmo se casar em Portugal". Foi então que ela me falou que já havia escolhido outra assessora. E quando perguntei quem era, ela respondeu: "Você".

Eu retruquei: "Mas, como eu, se nem sei de que lado a noiva entra na igreja?". E ela falou: "Você tem seis meses para aprender no Google. E eu vou te ajudar, porque adoro organizar eventos". De fato, fechamos um acordo e a Isabel me enviou tudo por e-mail, cuidou dos pagamentos e foi me ensinando o que eu não sabia.

O pai dela fez o meu contrato com um valor de 15 mil reais, mas eu disse que queria 18 mil, porque foi o preço que a outra assessora cobrou. Ele explicou que era porque a outra tinha experiência. Então eu disse: "Mas se ela fosse boa o suficiente, você teria fechado com ela e não comigo. Eu quero o mesmo valor que ela iria cobrar. Eles me pagaram os 18 mil reais; e eu ainda consegui a Preta Gil para estar no casamento.

E foi assim que eu, a Lê e a Proporsom entramos efetivamente no mercado de casamentos.

Sem dúvida alguma, a noiva me ajudou muito. Ela era superorganizada, fazia praticamente tudo, me passava tudo mastigado. Eu estudava o que não sabia e ela tirava minhas dúvidas. Assim eu me tornei assessora dessa noiva, o que acabou virando minha profissão. Para ajudar ainda mais, a Isabel trouxe um decorador superfamoso do Rio de Janeiro, o Antônio Neves da Rocha, que me dizia tudo o que precisava e eu providenciava.

Enfim, Isabel Cabral abriu para mim as portas de um mundo novo, pelo que sou imensamente grata. E ainda fez questão de promover a minha assessoria para um mundo de gente. Como eu sempre digo, um depoimento vale mais do que mil apresentações. Por isso, faço questão de acrescentar aqui o depoimento que a Isabel me deu, por ocasião da escrita deste livro:

"Conheci a Mannu quando resolvi me casar em Trancoso. A única coisa que eu tinha certeza era de que queria me casar no Estrela D'Água. Então, por inter-

médio de uma conhecida em comum, a primeira pessoa que contatei em Trancoso foi a Mannu, que era a gerente da pousada.

O contato com a Mannu abriu portas para todo o meu casamento. Ela foi sempre superprestativa e viabilizou a celebração no Estrela D'Água, que até então tinha regras que não ajudavam muito na questão de organizar um casamento lá. Ela foi viabilizando tudo, e sempre que havia alguma dificuldade, a Mannu arrumava uma solução.

Fui com meu pai até lá e comecei a ver algumas coisas seguindo as indicações dela. Ela começou a me passar tudo e assim, imediatamente, ela começou a ter um papel não só de gerente da pousada, mas de colaboração mesmo, dando todas as dicas a partir do conhecimento que ela tinha de Trancoso. Eu precisava de uma assessora. Alguns fornecedores eu já levaria do Rio ou de São Paulo, mas outros precisariam ser de lá.

A Mannu me indicou uma, mas não deu certo. Meu pai logo teve um problema com ela e ficou claro que não daria para trabalhar com aquela pessoa. Eu fui ficando supernervosa com essa situação, mas tudo que eu precisava a Mannu resolvia. Depois de duas tentativas com assessoras de Trancoso que não deram certo, sugeri a meu pai que pedíssemos para a Mannu ser a assessora do casamento, porque, até aquele ponto, tudo o que havia sido resolvido tinha sido por meio dela. Eu não via uma pessoa melhor para a função. Então, ligamos para ela e perguntamos se ela gostaria de ser nossa assessora. Ela então disse que nunca tinha feito isso antes. Mas, como eu já trabalhava há muitos anos com eventos, disse que a ajudaria, que pesquisaria na internet e passaria para ela tudo o que eu soubesse.

Assim, fui passando tudo para ela, e a gente foi trocando informações. Eu falava que ela era minha fada madrinha, porque a Mannu sempre tinha uma solução para tudo que eu necessitava e para todas as dificuldades. Foi maravilhoso; criamos uma amizade superforte e comecei a acompanhar todo o processo dela. Hoje, fico superfeliz de ver seu sucesso. Mannu merece porque é muito competente, e fico feliz de ter sido a primeira noiva dela e, enfim, de fazer parte dessa história superbonita".

O casamento de Caio Segall e Bruna Merofa

O segundo casamento contratado foi um que acabei realizando antes mesmo do primeiro. Embora Isabel tenha sido a primeira a me contratar, o primeiro casamento que realizei foi o de Bruna Merofa e Caio Segall, neto de Raquel Arnaud, uma famosa galerista de arte cuja casa era praticamente vizinha à Estrela D'Água.

Eles foram à Estrela para casar-se e, como eu estava lá trabalhando, mencionei que havia começado a fazer assessoria e que realizaria um casamento em setembro daquele ano. Eles acabaram me contratando para organizar o deles, que aconteceu em julho.

Então, o primeiro casamento que efetivamente executei foi o de Caio Segall e Bruna Merofa, que estão casados até hoje e têm uma linda filha. Logo em seguida, fiz o da Isabel, em setembro, e depois o de Bruna Buás, em outubro.

O casamento de Bruna Buás e Pablo Pazos

Foto: Patricia Secchin Martins Pereira e Souza.

No casamento da Bruna Buás, consegui para eles várias condições especiais na pousada. Ela era diretora de marketing da Ambev, uma posição bem poderosa, e ele, funcionário da Ricardo Eletro. Como não tinham condições de pagar o local para o evento, negociei uma permuta em ar-condicionado e frigobar para a pousada. Eles adoraram e acabaram me contratando como assessora também. Como ela trabalhava na área de eventos corporativos, confiou em mim e fizemos um casamento maravilhoso.

O "After da Rainha"

Eu tinha acabado de mandar meu filho para o Canadá e havia recém-comprado um terreno. Quando fui demitida, todo o dinheiro que eu ganhava era para quitar as minhas dívidas e pagar as contas do mês. A única reserva que eu tinha era o dinheiro da minha rescisão do contrato de trabalho na pousada.

Como sempre penso positivamente e acredito em realizar sonhos, naquela época percebi uma grande oportunidade que estava surgindo, aproveitei e isso mudou a minha vida. Foi quando ouvi que Ivete Sangalo viria gravar seu DVD em Trancoso. Senti que essa era uma oportunidade enorme e abordei Ivete em plena Sapucaí para conseguir trabalhar nos eventos ligados ao seu DVD. Porém tudo já havia sido contratado.

Então, mudei a estratégia e investi todo o dinheiro da rescisão do meu contrato de trabalho na pousada para a compra de 100 ingressos do show dela e 50 quartos de hotel. Assim, vendi todos os ingressos por um bom valor, dentro de um pacote que incluía três noites de hotel em Trancoso. Com isso, faturei mais do que o triplo do que investi. A partir daí, pude contratar a secretária que eu precisava, comprei um notebook para ela e meu escritório começou a funcionar. Montei o meu site e a empresa estava pronta para brilhar e começar a organizar eventos de uma forma mais profissional.

Foi também nessa ocasião que nasceu o meu título de "Rainha de Trancoso". Quando entendi que depois do show da Ivete as pessoas iriam querer mais, estariam com mais sede de comemoração, iriam querer mais daquela energia que Ivete havia deixado em Trancoso, resolvi fazer um evento chamado de "After da Rainha" e vendi 900 ingressos. Quando as coisas estavam bombando, pegando fogo mesmo, as pessoas pensaram que o after era da

Ivete por se chamar "After da Rainha" esperando que ela estivesse presente no meu evento. Esclareci que não, que esse era o "After da Rainha de Trancoso", que era eu mesma. Dali para frente, esse título nunca mais me deixou e vai me seguir para o resto da vida.

Inauguração do Fasano

O Fasano tem para mim um significado muito especial. Tive a honra de realizar o evento de lançamento da obra, há muitos anos, a convite de Nizan Guanaes. Foi um marco na minha trajetória, um desafio daqueles que me fazem sorrir até hoje ao lembrar.

Na época, havia zero estrutura: não existia água encanada, não havia banheiros, e eu precisei improvisar de todas as formas. Comprei todos os copos de vidro que encontrei na região, porque seria impensável lançar um empreendimento como o Fasano com copos descartáveis. Trouxe também food trucks, com direito a uma baiana de acarajé para servir as delícias da nossa cultura. Simplicidade.

O evento foi um luau inesquecível, em que construí um caminho de areia branca e usei a vegetação para dar forma à cenografia. Coloquei placas indicando "você está aqui", que mostravam onde ficaria cada parte do empreendimento: o hotel, as vilas, o bar de praia. Curiosamente, a festa aconteceu exatamente no espaço que hoje é conhecido como o bar de praia, ao lado da famosa amendoeira com balanço — cenário de tantas fotos que circulam pelo mundo.

Toda a infraestrutura foi um desafio: banheiros de contêiner, áreas de alimentação improvisadas e palco montado na areia. Mas foi justamente isso que deu o tom autêntico da celebração. Aliás, foi nesse lançamento que tive a alegria de trazer Elba Ramalho, Maria Gadú, Zélia Duncan e Mariana Aydar. Uma surpresa inclusive para os contratantes. Mais tarde, já com o Fasano em construção, levava pessoas para experiências nesse lugar peculiar, como Paulo Gustavo e Preta Gil.

O Fasano de Trancoso, na Praia de Itapororoca, hoje é um símbolo de sofisticação, ocupação seletiva e turismo de alto nível, atraindo visitantes do Brasil e do mundo. Ao longo do tempo, tive a oportunidade de voltar diversas vezes, inclusive fechando o hotel para produções especiais.

Cada vez que retorno, é como reviver aquele primeiro momento. Uma verdadeira memória afetiva, que mistura orgulho, pertencimento e gratidão. Ver o Fasano hoje, grandioso, me faz lembrar daquele início desafiador e da certeza que Trancoso sempre esteve destinado a brilhar.

A festa San Island

Em 2017, comecei a ver várias postagens na internet sobre uma festa GLS (a sigla se refere a Gays, Lésbicas e Simpatizantes, termo usado na época para a comunidade que hoje chamamos de LGBTQIAPN+) que estava acontecendo em Morro de São Paulo, um município da nossa região. Muitas pessoas comentavam que o lugar havia sido invadido pela comunidade gay e que Ivete Sangalo faria um show lá, mas que não havia mais hospedagem disponível.

Sempre fui uma pessoa que buscou estimular o turismo aqui em Trancoso. Não me preocupava apenas com os casamentos, mas também buscava outras formas de movimentar a cidade, principalmente na baixa temporada. Então, decidi pegar o carro e ir até Morro de São Paulo para entender melhor o que estava acontecendo.

Ao chegar lá, procurei descobrir quem eram os organizadores da festa – não posso negar que fiquei chateada por não ter tido essa ideia antes. Quando finalmente os encontrei, me apresentei e disse que era de Trancoso e que gostaria de levar a festa deles para lá. Perguntei o que seria necessário para isso. Eles me disseram que era impossível, pois já haviam tentado, mas os valores de hospedagem em Trancoso eram muito altos e não cabiam no orçamento deles. Respondi que nada era impossível e que eu iria correr atrás para fazer acontecer. Falei para eles que podiam anunciar a festa em Trancoso no ano seguinte. Mesmo assim, insistiram que não daria certo.

Assisti à festa e voltei para Trancoso determinada. Procurei hospedagens que atendiam às condições e valores que eles precisavam e consegui fechar tudo. No total, arranjei mais de 2.000 leitos. Mesmo assim, em 2018, eles anunciaram a festa novamente em Morro. Fui até lá de novo e, dessa vez, eles já me apresentaram para Ivete Sangalo como sócia da festa que aconteceria em Trancoso no ano seguinte. Fiquei surpresa, pois estava conhecendo Ivete ali, naquele momento, o que me deixou muito feliz.

Finalmente, lançamos a festa em 2019 em Trancoso. Mesmo tendo escolhido o pior final de semana do ano, chuvoso e sem movimento, ainda assim trouxemos 4.000 pessoas para o evento. Como os leitos disponíveis não foram suficientes, transformei várias casas em pousadas improvisadas. Fiz placas com nomes fictícios e as coloquei nas entradas para identificá-las. Com café da manhã, os hóspedes se sentiam realmente em uma pousada, quando na verdade eram casas que eu havia adaptado para aquele final de semana específico.

Para resumir a história, a festa foi um sucesso e ficou conhecida como San Island.

O Réveillon dos Nativos

O Réveillon dos Nativos é uma festa que organizo há muitos anos. Depois que saí da Estrela D'Água, o Léo, um dos clientes que me conheceram lá, me procurou com uma ideia específica: ele queria um réveillon com a melhor comida, a melhor bebida, a melhor música, e que só acabasse quando os convidados quisessem, mas que não fosse focado somente em música eletrônica. E me perguntou quanto isso custaria. Fiz o orçamento, ele aprovou e, desde então, já faz mais de uma década que realizo essa festa.

O Léo convida as pessoas a participarem e todo o lucro é doado para uma instituição de caridade em Trancoso. Ao longo dos anos, a festa já recebeu grandes celebridades e é muito procurada, mas nem todos conseguem ir. Todos os participantes, independentemente de quem sejam, famosos ou não, têm que pagar para participar. Não há convidados com entrada gratuita.

Fico sempre extremamente feliz de fazer essa festa, porque, além de promover a alegria das pessoas e garantir uma celebração de alta qualidade, que reflete o meu trabalho, também ajudo uma instituição local. A renda é destinada a uma escola que realiza um trabalho incrível com crianças e adolescentes em Trancoso.

A revista *Inesquecível Casamento*

Em certa época, fiz contato com o pessoal de uma revista e de algumas feiras de casamento no Rio de Janeiro. Eu disse que queria fazer uma edição da revista deles em Trancoso. Eles gostaram da ideia e assim nasceu a revista *Inesquecível Casamento Trancoso*, que fez muito sucesso. Nela, mostrei não só os meus casamentos, mas também os de várias outras pessoas da região, além de divulgar os fornecedores locais.

Conseguimos distribuir a revista em todas as pousadas e organizamos uma festa de lançamento. A partir daí, comecei a participar de diversas feiras de casamento pelo Brasil, com um estande que destacava Trancoso e seus casamentos.

Também participei da *Inesquecível Casamento Week*. Nessa edição, foi publicada uma matéria em que o título dizia: "Mannu Carvalho, o nome de Trancoso".

Além disso, um casamento que organizei foi capa de outras revistas e recebeu o prêmio de casamento mais bonito do ano, concedido pelo site Constance Zahn. Esse casamento, que aconteceu em uma sexta-feira de Carnaval, para apenas 14 pessoas, foi um verdadeiro divisor de águas na minha carreira.

Meu bazar de redenção

Depois de realizar muita coisa na vida, de repente, comecei a me sentir meio fútil. Aconteceu que, tendo vindo de uma origem muito pobre, tendo sido uma criança que cresceu sem muitos recursos, quando comecei a ganhar dinheiro passei a comprar muitas coisas de marca, muitas delas que eu nem precisava. Foi quando me dei conta de que, enquanto eu tinha um monte de roupas caras, ainda não tinha uma casa própria e minha mãe também não, e que muitas pessoas na minha região não tinham nem mesmo o que comer ou vestir.

Foi então que, em um momento de reflexão, decidi vender todas as minhas roupas em um bazar, ficando apenas com poucas peças. Destinei toda a renda desse bazar para uma instituição de caridade.

Isso encheu meu coração de alegria, porque eu sempre me preocupei muito com o próximo. Sempre tentei ajudar a quem precisa, porque sinto vontade, de alguma forma, de devolver para o Universo as bênçãos que tenho recebido.

A Mannu Weekend

Quando completou um ano da minha demissão da Estrela D'Água, eu já era bastante conhecida, realizando muitos casamentos e fazendo várias ativações de marcas. Resolvi comemorar meu aniversário, que é no dia 28 de outubro, aproveitando para celebrar também o primeiro ano do meu escritório, que tinha dado muito certo. Sim, porque eu não tinha falido, não estava passando por dificuldades e, o mais importante, não precisei deixar Trancoso – até porque eu não tinha muito para onde ir (risos).

Organizei a festa para comemorar e a Pernod Ricard patrocinou toda a bebida que eu havia comprado, fazendo ainda um upgrade com Absolut e Chivas, que estavam comemorando 18 anos.

Fiz uma festa incrível no Fly Club e, nessa brincadeira, acabaram aparecendo 700 pessoas de várias partes do Brasil. O resultado foi que, com tanta gente tendo comparecido, muitos me sugeriram que eu deveria fazer o evento todos os anos. Foi então que, pensando em aproveitar a oportunidade para ganhar dinheiro, criei a "Mannu Weekend", com o objetivo de transformar essa festa em um evento anual pago.

Dali para frente, o evento só cresceu. Eu ganhava a apresentação de alguns DJs, outros eu pagava, e a maioria dos fornecedores me ajudava com as despesas e eu movimentava a cidade em plena baixa temporada. Aproveitei para organizar também uma festa do branco, com fogos e tudo, como se fosse um réveillon, para que os nativos de Trancoso pudessem aproveitar, já que normalmente eles passavam o fim de ano trabalhando.

Essa festa, chamada de "Mannu Weekend", aconteceu em 2017 e 2018. Em 2019, decidi fazer em Caraíva, porque a edição anterior tinha sido muito grande, com 1.500 pessoas, e fiquei com medo do tamanho que a festa poderia tomar. Em 2020 e 2021, por conta da pandemia, as atividades ficaram muito restritas.

Com o tempo, a "Mannu Weekend", que nasceu para celebrar o sucesso do meu primeiro ano como profissional de cerimônias e do meu escritório, que começou com um site com apenas três casamentos, acabou se tornando uma festa no calendário anual do destino.

Foi nesse período que convidei o Caio Rehem para trabalhar comigo, porque eu não sabia fazer planilhas no Excel e precisei da assistência dele. Paguei a ele 20% de tudo o que ganhei no verão, o que deu por volta de 30 mil reais. O rapaz que me havia indicado o Caio disse que ele nunca tinha visto tanto dinheiro na vida.

Fiz uma proposta para que o Caio ficasse comigo em definitivo, mas ele recusou na época, pois sua noiva não havia se adaptado ao local e eles foram embora juntos. Algum tempo depois, o relacionamento deles terminou e Caio me ligou perguntando se a proposta ainda estava de pé. Eu disse que sim e que a porcentagem seria a mesma. Foi então que ele se tornou meu sócio. Eu cuidava do front e ele do back, e assim começou nossa história empresarial.

Tenho que confessar que, por mais que eu tenha feito todos os Mannu Weekends com intenção de comemorar, de brindar a vida, e porque sempre fui uma pessoa muito festeira, havia uma intenção em minha mente subconsciente, quase imperceptível, que era a verdadeira razão de fazer aquilo: eu

Mannu Weekend.
Fotos: Quelvin Clécio.

tinha uma necessidade de aparecer, de me autoafirmar, de mostrar para as pessoas que estava vencendo. Então, eu fazia os eventos procurando suprir essa minha parte emocional.

Fazer o Mannu Weekend foi uma experiência muito boa, porque eu gosto de festas, gosto de reunir meus amigos e parentes. Porém, havia sempre um custo financeiro muito alto e percebi que estava reunindo pessoas que nem sempre eram meus amigos. Por isso resolvi deixar de fazer esse evento. Em um determinado momento, falei: "Agora chega, já está bom. Não vou mais comemorar meu aniversário assim".

Já cheguei onde pretendia e não quero mais festas grandes, quero ter a liberdade de comemorar meu aniversário de uma maneira mais simples, ou de não comemorar, ou simplesmente de viajar com meu filho. E se eu quiser fazer uma festa grande um dia, farei sem ser por obrigação.

Tenho certeza de que agora meus aniversários serão os melhores de todos. Afinal, já cheguei ao topo do sucesso e sinto que posso me manter crescendo naturalmente para além do topo. Realizei um dos meus maiores sonhos ao escrever este livro e conquistei praticamente todos os objetivos que coloquei para mim. Sinto-me em paz comigo mesma, com sanidade mental para ver o que é bom e com a consciência do que é ter felicidade interna.

Enfim, durante muito tempo eu tinha dificuldade de entender qual era o meu verdadeiro sonho na vida. Só trabalhava por necessidade, para comer, e não parava para escolher nada. Na minha vida sempre foi assim: aparecia a oportunidade e eu pegava para fazer, porque não podia deixar passar.

Agora é diferente. Faço aquilo que me dá prazer e plenitude. Por exemplo, no momento em que escrevo este livro, estou assumindo uma pousada, a Casa de Perainda. Um lugar que sempre foi a pousada em que eu gostaria de me hospedar, que eu achava o máximo. Que se alguém chegasse aqui e perguntasse onde deveria se hospedar, eu adoraria dizer que é nessa pousada que está vindo para a minha mão. Eu vou gerir a Casa de Perainda, com possibilidade de compra futura do negócio. Essa é a cereja do bolo desses meus dez anos de Trancoso.

PARTE 4

Treinamentos, assessoria, consultoria e mentoria para eventos

O MÉTODO MANNU CARVALHO PARA O SUCESSO NO MERCADO DE EVENTOS

Muita gente me conhece pelas festas que crio, sejam casamentos mágicos ou eventos corporativos inesquecíveis. Mas o que nem todos sabem é que, além de tocar meus empreendimentos, tenho uma paixão imensa por ensinar e inspirar pessoas. É por isso que me dedico com tanto carinho aos meus cursos e mentorias, porque acredito de verdade que dividir é multiplicar.

Tudo que aprendi nesse mercado veio de uma mistura de erros, acertos e muita persistência. E, agora, minha missão é compartilhar essas lições com você, de forma simples e prática, para ajudar a transformar sua vida. Meu curso online, por exemplo, não é só mais um curso; é o início de uma jornada. É o caminho que quero abrir para você que está se sentindo perdido, atolado em dívidas, sobrecarregado, criando um filho sozinho, ou infeliz em um trabalho que já não faz sentido.

Eu sei o quanto é difícil se destacar no mercado hoje em dia. O setor de eventos, em particular, é um campo cheio de desafios, mas também cheio de possibilidades para quem está disposto a aprender e a agir. E, acredite em mim, você pode vencer também nesse mercado.

O que ensino não é só uma teoria. São estratégias que usei na prática, quando comecei do zero – na verdade, comecei com uma dívida de um milhão e meio de reais e nada menos que 33 processos trabalhistas para resolver. Foi pesado, mas foi nessa luta que desenvolvi os três pilares do meu método, que transformaram minha vida.

Esses pilares são a base para criar uma carreira sólida e lucrativa no mercado de eventos. Uma carreira que resiste às incertezas, que se fortalece em meio aos desafios e que permitirá que você alcance a liberdade financeira que merece.

E é isso que vou compartilhar com você neste livro. Quero mostrar que, mesmo diante das piores dificuldades, é possível virar o jogo. Com as estratégias certas, você pode sair do ponto em que está hoje e alcançar um faturamento muito superior, trabalhando com eventos.

Eu sou a prova viva de que isso é possível. O que era dívida virou lucro. O que era desespero virou propósito. E se eu consegui, você também pode. Agora é sua vez de aprender esses pilares, colocar a mão na massa e transformar sua vida. Vamos juntos nessa viagem?

1. Prospecção e identificação

O primeiro pilar do meu método é a prospecção e a identificação. Antes de mergulhar nesse tema, deixa eu te contar algo em que acredito com todas as minhas forças: excelência é inegociável. Qualquer coisa que você se proponha a fazer precisa ser feita com qualidade impecável. Isso não é um detalhe, é o seu diferencial.

Vou dar um exemplo real para você entender como isso funciona na prática. Há alguns anos, organizei um batizado para uma cliente. Naquela época, eu tinha pouquíssimos fornecedores, quase nenhum recurso, mas coloquei a minha alma nesse projeto. Pensei em cada detalhe, busquei alguém para fazer docinhos personalizados, tratei aquele batizado como se fosse o evento mais importante do mundo. E, para mim, era.

O resultado? A cliente ficou tão encantada que, anos depois, me contratou para o batizado do segundo filho. Mas não parou por aí. Convidados daquele evento também ficaram impressionados e, no fim, isso me rendeu contratos para outros eventos: mais um batizado, aniversários de 50 e 56 anos, e até aluguéis de casas! Tudo começou porque eu fiz questão de entregar muito mais do que o esperado. E esta é uma das lições mais importantes: sempre entregar 120%, ou mais, daquilo que você prometeu. Isso tem que ser um compromisso seu: surpreender o cliente sempre, com dedicação e amor ao que você faz.

Agora, é claro que, antes de chegar ao ponto de encantar o cliente, existe um passo fundamental: você precisa encontrar esse cliente e conquistar a confiança dele. É aqui que entram a prospecção e a identificação.

• Prospecção: o mapa do caminho

Prospecção é como construir o mapa para encontrar seus clientes. Você precisa buscar ativamente, todos os dias, onde eles estão, como chegar até eles e como iniciar uma conversa que faça sentido. No mercado de eventos, isso é ainda mais importante, porque você está lidando com pessoas que vão investir em momentos únicos das suas vidas. Você está lidando com o lado emocional das pessoas.

Sabia que você está entrando em um dos mercados mais ricos do país? Segundo a Associação Brasileira dos Promotores de Eventos (Abrape), o setor de eventos movimenta cerca de 3,8% do PIB brasileiro, segundo dados de 2023*. Não é pouca coisa! E se tem algo que o brasileiro adora, é celebrar: casamentos, aniversários, batizados, datas especiais.

Eu não estou aqui para te vender ilusões ou fantasias. Estou te mostrando números reais, oportunidades concretas. Esse mercado existe e tem um potencial gigantesco para quem está disposto a trabalhar com dedicação.

* ABRAPE – Associação Brasileira dos Promotores de Eventos. Números do setor. *Abrape*, janeiro de 2023. Disponível em: https://www.abrape.com.br/numeros-do-setor/. Acesso em: 4 jun. 2025.

• Identificação: conhecendo o cliente a fundo

Depois de encontrar o cliente, é hora de entender exatamente quem ele é e o que deseja. Aqui, a escuta ativa é sua melhor ferramenta. Pergunte, investigue, capte cada detalhe sobre o que ele espera e, principalmente, sobre o que ele sonha. Faça um verdadeiro raio X do perfil dele. Só assim é possível criar uma identificação verdadeira com o cliente.

Com essas informações em mãos, você consegue formatar o seu serviço de maneira personalizada, alinhando suas ideias aos desejos do cliente. É nesse momento que você transforma um simples contrato em uma parceria de confiança. E confiança gera fidelidade.

• A mágica acontece na entrega

Depois de prospectar e identificar, chega o momento mais poderoso: entregar mais do que o cliente imaginou. Aqui, não existe espaço para "o bom", ou "o suficiente". Você precisa pensar em como superar as expectativas dele e criar um impacto que será lembrado por muito tempo.

Quando você entrega excelência, constrói uma relação que vai muito além do evento. O cliente se torna um promotor do seu trabalho, indicando seus serviços para outras pessoas. E é assim que você começa a criar uma rede de oportunidades que nunca para de crescer.

Se você seguir esses passos – prospectar com consistência, identificar com precisão e entregar com excelência – o sucesso no mercado de eventos deixa de ser um sonho distante e se torna uma realidade que está ao seu alcance. Então, que tal começar agora? O mercado está aí, e o próximo cliente pode estar esperando por você!

2. Visão 360

O segundo pilar do meu método é algo que chamo de "Visão 360". É a capacidade de enxergar o evento como um todo, muito além da simples entrega direta. Essa visão foi o que realmente transformou o meu trabalho e me ajudou a construir o Grupo Mannu Carvalho. Quando percebi que não bastava ser apenas uma excelente assessora, comecei a criar soluções que envolvessem todas as necessidades do cliente.

Foi assim que passei a oferecer serviços como hospedagem, bebidas, transporte, cabelo e maquiagem, e muito mais. E sabe por quê? Porque um evento não acontece só dentro do salão ou na praia onde foi planejado. Ele acontece em um contexto muito maior, cheio de detalhes que precisam estar alinhados para que tudo funcione com perfeição. O sucesso do evento acontece antes, durante e depois do evento.

• Pensando em todos os cenários

Vou dar um exemplo. Quando estou organizando um casamento, não penso somente no altar, nos arranjos ou na festa. Eu penso no todo: Como os carros vão chegar? Vai ter trânsito? Onde é o hospital mais próximo, caso alguém passe mal? Tem ambulância disponível na região? Ou seja, você tem que olhar o evento como um tabuleiro de xadrez, por cima. Você inclusive pensa no evento de trás para a frente, já visualiza o pessoal voltando para casa, porque isso vai te ajudar a não deixar passar nada.

Esse tipo de pensamento vai muito além do básico. É um olhar atento, uma preocupação genuína em garantir que o evento seja impecável e seguro, e que todos estejam sendo atendidos plenamente e possam se divertir e curtir de verdade o evento, sem preocupações. Isso é o que chamo de ter uma visão global.

Agora, se estamos falando de um *Destination Wedding*, a atenção precisa ser ainda maior. Não adianta organizar um casamento em um lugar paradisíaco, mas que não tenha hospedagem para os convidados, seja de difícil acesso, não tenha aeroporto próximo ou infraestrutura mínima para atender às demandas de um evento desse porte. Tudo isso, e tantas outras coisas mais, deve ser cuidado nos mínimos detalhes.

Quando aplica a visão 360, você avalia tudo que está ao redor. Cada detalhe conta. Você precisa ter certeza de que o ambiente e os recursos disponíveis vão trabalhar a favor do evento, e não contra ele.

• Escolher bem os fornecedores é a base de tudo

Outra parte essencial da visão 360 é a escolha dos fornecedores. Eu costumo dizer que um evento é como uma orquestra e cada fornecedor é um instrumento. Se um deles não estiver afinado, o espetáculo inteiro pode perder a harmonia.

Em um casamento, por exemplo, você pode lidar com mais de 20 fornecedores diferentes. Por isso, cada escolha precisa ser criteriosa. Eu faço questão de conhecer pessoalmente cada fornecedor com quem trabalho, entender como eles entregam e construir um relacionamento baseado em confiança e profissionalismo.

Mas não é só isso. Eu acredito muito em criar um ecossistema colaborativo. Quando você trabalha com fornecedores excelentes, não só o evento é um sucesso, todos ganham: você, o cliente e os profissionais envolvidos. É uma cadeia positiva de crescimento, onde o resultado final é sempre o encantamento do cliente e a satisfação e o senso de realização de todos os profissionais envolvidos.

• Encantar tem sempre que ser o nosso objetivo

No fim das contas, tudo o que fazemos deve ter como objetivo principal o encantamento de quem nos contratou. Quando você entrega um evento que surpreende e emociona, cria algo que será lembrado por anos – talvez pela vida inteira.

Então, lembre-se: ter uma visão 360 é pensar grande, cuidar de cada detalhe e garantir que todas as peças do evento funcionem como uma engrenagem perfeita. Quando você aplica esse princípio, não só eleva a qualidade do seu trabalho, mas também se destaca no mercado, constrói uma

No fim das contas, tudo o que fazemos deve ter como objetivo principal o encantamento de quem nos contratou. Quando você entrega um evento que surpreende e emociona, cria algo que será lembrado por anos – talvez pela vida inteira.

rede de confiança e, mais importante, faz parte de momentos inesquecíveis na vida das pessoas.

Então, prepare-se para enxergar além do óbvio e aplicar essa visão no seu negócio. Essa é a diferença entre fazer o básico e criar algo realmente extraordinário.

3. Planejamento e encantamento

O terceiro pilar para quem deseja trabalhar com eventos e se destacar está ligado ao planejamento e ao encantamento. Esses elementos são como os dois lados de uma moeda: você não consegue criar um evento de impacto sem um planejamento sólido e, sem encantamento, ele não será lembrado com saudade e felicidade.

Mas qual é o ponto de partida? Ouvir o cliente. Ouvir de verdade. Desde a primeira reunião, dedique-se a entender cada detalhe do que o cliente deseja. Qual é o sonho dele? Quais são as expectativas? Quais os medos? O que ele espera de você? Quanto mais informações você conseguir captar nessa etapa inicial, melhor será o seu planejamento e maior será o impacto que você causará.

• Usar tecnologia no planejamento é algo que não pode ser ignorado

Preciso confessar: no começo, eu resisti à tecnologia. Eu achava que dava conta com planilhas, papéis, minha memória (que é ótima, mas não infalível). Até que percebi que estava sabotando o meu próprio crescimento. Quando finalmente abracei as ferramentas tecnológicas, tudo mudou.

Hoje, é possível acompanhar cada detalhe de um evento pelo celular: cronograma, fornecedores, pagamentos, solicitações dos noivos – tudo na palma da mão. Essas ferramentas ajudam não só a organizar o trabalho, mas também a garantir que nenhum detalhe seja esquecido. E, no mundo dos eventos, são os detalhes que fazem toda a diferença.

• Encantar tem que ser mais do que uma meta, tem que ser um propósito

Agora, quando falamos de encantamento, precisamos pensar grande. Encantar não é só atender bem o cliente – é superar todas as expectativas dele e de todos os envolvidos no evento. Em um casamento, por exemplo, seus "clientes" não são só os noivos. São os pais emocionados, os irmãos, os amigos, os 200, 300 ou 500 convidados que vão vivenciar aquele momento.

E aqui está o segredo: cada convidado encantado é uma oportunidade para você. Um evento bem executado pode facilmente render dois ou três novos contratos, porque as pessoas não se esquecem de como você as fez sentir.

Mas encantamento vai além de quem está no evento. Pense no contexto geral: como o lixo será descartado? O som vai incomodar a vizinhança? O trânsito local será impactado? Esses detalhes, muitas vezes ignorados, refletem a sua responsabilidade social e o respeito que você tem pelo ambiente e pela comunidade onde está atuando.

• Nunca esqueça: a música é a alma da festa

Não tem jeito: se a música não for boa, o evento não será um sucesso. A música é o que dita o ritmo, conecta as pessoas, transforma um jantar em uma celebração. Mas atenção: não é só escolher a playlist perfeita. É garantir que o som esteja alinhado ao tipo de evento e, claro, que ele não cause desconforto à vizinhança. Lembre-se: um evento de sucesso é aquele que encanta sem incomodar.

Uma coisa muito importante que gostaria que você anotasse com carinho: eu acredito muito na música para fazer com que o evento seja bem-sucedido. Ela é a alma de todo evento de sucesso. A música é algo essencial.

Uma pessoa que foi fundamental na minha vida quando o assunto é música foi o DJ Boca Bocha. Desde o primeiro casamento, ele sempre me presenteou com uma troca muito grande de energia e de cumplicidade, e fez com que as músicas sempre fossem um dos grandes segredos do sucesso das minhas festas. Eu aprendi muito com ele sobre a importância de se dedicar por inteiro na escolha da trilha sonora do evento e de contratar um DJ muito, muito bom. Foi ele que me ensinou o verdadeiro valor de escolher as músicas certas para cada momento, para fazer com que a festa tenha muito sucesso.

• Fortaleça quem está ao seu lado

Outro ponto essencial é o compromisso de promover o crescimento de quem trabalha com você. Sempre acreditei que, para prosperar, você não deve fazer isso sozinho; tem que colaborar para que seus parceiros também prosperem. Em 2016, por exemplo, eu trouxe o cerimonialista Roberto Cohen – uma referência no mercado – para dar um curso em Trancoso. Também trouxe outros especialistas, como o maquiador Júnior Mendes, para capacitar profissionais locais.

E, quando me perguntaram: "Mas por quê? Você não tem medo de formar concorrentes?", a minha resposta foi simples: "Não estou formando concorrentes. Estou formando parceiros".

Nunca enxerguei o mercado como um espaço limitado. Sempre sonhei com um mercado amplo, com espaço para todos que quisessem trabalhar com dedicação e excelência. Quanto mais pessoas capacitadas, melhor o mercado, melhores as possibilidades de entregar o melhor para meus clientes. Melhor para Trancoso, melhor para os noivos, melhor para todos.

Uma estratégia poderosa

Com esses três pilares – boa prospecção, visão 360, planejamento e encantamento – você tem uma direção clara para potencializar os seus resultados. Não estou dizendo que é fácil. Mas é possível. É um caminho que exige esforço, disciplina, mas que traz recompensas extraordinárias.

Se você está disposto a dar o próximo passo, a usar essas ferramentas e mentalidades para transformar sua vida e se destacar no mercado de eventos, não espere mais. Seu sucesso está nas suas mãos – e ele começa agora.

Use a força de um bom *networking*

Uma coisa que eu aprendi e que fez toda a diferença na minha vida é que networking não é opcional. Se você quer crescer, prosperar e se destacar, precisa se conectar, trocar experiências, criar laços de verdade.

Mas deixa eu te contar: *networking* não é só distribuir cartões de visita. Não adianta sair por aí com uma pilha de cartões na mão, achando que isso vai abrir portas. *Networking* de verdade é construção de relações genuínas, baseadas em confiança, empatia e troca de valor. É fazer as pessoas se lembrarem de você não só pelo que você faz, mas por quem você é.

E sabe o que é incrível? Quando você faz isso com propósito e autenticidade, as oportunidades começam a aparecer de forma natural. É como mágica! Uma pessoa indica você para outra, que fala do seu trabalho para mais alguém, e de repente seu nome está circulando nos lugares certos.

Então, meu conselho é: bote a cara no mundo. Participe de eventos, conheça pessoas, troque ideias, esteja presente. Não importa se você está começando agora ou já tem anos de experiência, sempre há algo a aprender e a ensinar, e alguém que pode transformar sua jornada para conhecer.

Em resumo, o *networking* é como plantar sementes: algumas germinam rápido, outras demoram mais, mas todas têm o potencial de dar frutos incríveis. E, quando você menos esperar, estará colhendo os resultados de ter investido em conexões que fazem sentido e que, acima de tudo, fazem a diferença.

Onde eu encontro os meus clientes

Hoje em dia, meus clientes é que me encontram. É algo quase mágico, mas não foi sempre assim. Esse reconhecimento que tenho hoje é fruto de anos de trabalho dedicado, de noites mal dormidas, de muito suor e, principalmente, de um compromisso inabalável em entregar sempre o melhor.

Quando comecei a trabalhar com casamentos, minha realidade era completamente diferente. Minha vida profissional seguia outro rumo. Mas eu tinha um trunfo valioso: eu conhecia Trancoso como a palma da minha mão. Sabia de cada detalhe, de cada contato importante e entendia profundamente a essência desse lugar tão especial.

Foi isso que chamou a atenção da minha primeira noiva. Ela decidiu apostar em mim, mesmo sabendo que eu ainda não tinha experiência no universo dos casamentos. Esse voto de confiança foi o ponto de virada na minha trajetória. E eu sabia que, para honrar essa oportunidade, precisava entregar muito mais do que ela esperava de mim. E foi o que fiz!

O mais incrível é que essa história pode se repetir para você também. Foi exatamente para isso que escrevi este livro: para compartilhar o meu "mapa do tesouro". Aqui, você vai encontrar a metodologia que desenvolvi e aperfeiçoei ao longo dos anos – um passo a passo testado na prática, para ajudá-lo a alcançar o sucesso no mercado de eventos.

Mas antes de tudo, quero deixar uma coisa muito clara: o sucesso nesse mercado não depende só de técnica ou talento. Ele depende, acima de tudo, de uma habilidade que muita gente negligencia: o *networking*.

Não caia na ilusão de que grandes negócios aparecem do nada ou que uma simples reunião vai resolver tudo. Os melhores trabalhos vêm de boas conexões. É na conversa despretensiosa, no sorriso sincero, na troca de experiências genuínas, que as portas começam a se abrir.

Por isso, invista no relacionamento com as pessoas. Ouça suas histórias, mostre seu valor, esteja presente de verdade. Quando você constrói essa base sólida de confiança e entrega resultados consistentes, algo mágico acontece: os clientes começam a procurar por você. E, acredite, essa é uma sensação de vitória que não tem preço. Então, se você está pronto para começar a traçar o seu caminho, eu estou aqui para guiá-lo nessa jornada.

Bora fazer *networking*

Networking é o nome do jogo. E vou começar dizendo: ele não é só importante, ele é indispensável. Sem ele, o mercado nem sabe que você existe, e se ninguém sabe que você existe, como as oportunidades vão aparecer?

Mas não confunda *networking* com seguir pessoas nas redes sociais. Estou falando de criar relações reais, olho no olho, com conversas que fazem a diferença, com conexões que abrem portas e constroem sua reputação. *Networking* é gente, presença, é saber valorizar e ser valorizado.

Aqui vai um segredinho: a maioria das pessoas acha que *networking* é só falar com os "grandes chefes", os que estão no topo da pirâmide. Nada disso! Sabe quem são as pessoas que resolvem tudo muito mais rápido e com mais eficiência? Quem está na base da pirâmide. São elas que, muitas vezes, têm o poder de facilitar sua vida e destravar soluções que nem os "donos da empresa" conseguem. Então, trate todo mundo bem, construa relações genuínas com todos, e veja sua rede crescer de um jeito poderoso.

Foi assim que eu cresci. Aprendi na prática que tratar bem os fornecedores, os parceiros, os colaboradores – enfim, todas as pessoas envolvidas nos eventos – não é só gentileza, é inteligência estratégica. Essa é a regra de ouro: quando você valoriza o outro, ele retribui.

E sabe o que mais? O *networking* se constrói em cada evento. Cada um deles é uma ponte para o próximo. Já organizei eventos para amigos, vizinhos e até de graça, porque sabia que era um investimento no futuro. Teve vez que eu tirei dinheiro do bolso para garantir que tudo saísse perfeito, e valeu cada centavo. O primeiro evento puxa o segundo, que puxa o terceiro, e quando você percebe, tem uma agenda cheia.

Hoje, posso garantir com convicção: 90% do meu patrimônio é o meu *networking*. É ele que traz clientes, contratos e novas oportunidades. Mas isso não acontece sozinho. Para o *networking* se consolidar, é preciso se comprometer, entregar muito mais do que o esperado e surpreender as pessoas. Não dá mais para entregar só 100%; o mercado exige 120%, até 150%! Se você não estiver disposto a superar expectativas, não vai se destacar.

Agora, uma dica valiosa: eventos sociais são uma mina de ouro para o *networking*. São nesses encontros que você cruza com donos de grandes

Hoje, posso garantir com convicção: 90% do meu patrimônio é o meu *networking*. É ele que traz clientes, contratos e novas oportunidades. Mas isso não acontece sozinho. Para o *networking* se consolidar, é preciso se comprometer, entregar muito mais do que o esperado e surpreender as pessoas.

empresas, executivos e empresários de destaque. Quando você organiza um evento com profissionalismo, qualidade e aquele toque especial, essas pessoas percebem. Elas observam, comentam e procuram você para organizar seus eventos.

Eu faço questão de estar presente em cada evento que organizo. Gosto que as pessoas saibam que sou eu quem está por trás de tudo aquilo. Porque não se trata só de uma decoração impecável ou um cronograma perfeito. Mas da experiência que você entrega, do impacto que causa, e da vontade de fazer daquele momento algo memorável.

Então, meu conselho para você é: invista no *networking*. Comece com o que você tem, com quem você conhece, e trate cada oportunidade como um portal para o próximo nível. O mundo não tem espaço para quem faz o básico. Ou você faz acontecer, ou assiste de longe enquanto outros fazem. A escolha é sua.

Meu relacionamento especial com os famosos

Networking não é sorte, é esforço. E eu preciso contar isso porque, muitas vezes, as pessoas olham minha vida agora, me veem rodeada de amigos famosos, e acham que tudo foi fácil, que fui apadrinhada, que "caiu do céu". Mas não foi nada assim.

Eu cheguei onde estou com muito trabalho, comprometimento e fazendo o meu melhor em cada oportunidade. Não tive padrinhos, não usei minhas amizades para tirar proveito e gosto de deixar isso bem claro. Minha história é de quem construiu cada degrau com as próprias mãos – e o mais incrível disso tudo é que você também pode fazer o mesmo.

Claro, tenho muito orgulho e carinho pelos meus amigos artistas e outros famosos. Mas sabe o que eles mais valorizam em mim? Que eu trato todos eles como gente comum. Parece simples, né? Mas não é o que a maioria das pessoas faz. O mundo tem essa mania de colocar quem é famoso em um pedestal, como se fossem intocáveis, quase fora da realidade. Eu trato todos do mesmo jeito: como seres humanos que merecem respeito, atenção e cuidado.

Quando um artista me contrata, ele não quer ser tratado como uma celebridade. Ele quer relaxar, quer que o evento seja impecável e, principalmente, quer ser visto pelo que ele é, além do palco ou dos campos de esportes. E eu entendi isso muito cedo. Eles são artistas no trabalho, mas quando chegam para um evento, são só eles mesmos. Pessoas com histórias, desafios e o desejo de aproveitar o momento sem holofotes.

E tem até uma coisa engraçada: são eles que muitas vezes pedem para tirar foto comigo. Sempre chega aquele momento em que o artista vira para mim e fala: "Posso tirar uma foto com você?". E eu, claro, aceito com o maior carinho! Aí eles postam, marcam, e eu só vou repostar depois porque nunca lembro de tirar a foto primeiro (risos).

Mas, brincadeiras à parte, ninguém constrói uma carreira sozinho. Lá atrás, há mais de dez anos, eu não conhecia ninguém. Eu tinha só o meu trabalho, a minha equipe, os parceiros que acreditaram em mim e me ajudaram. Foi assim que comecei, com trabalho duro, criando conexões genuínas e mostrando meu valor.

Hoje, esses amigos me indicam para outras pessoas, mas no início éramos só eu e meu esforço. Não teve apadrinhamento nem atalhos. E é por isso que eu falo com toda convicção: você também pode. Não precisa ter um sobrenome conhecido, um "padrinho poderoso" ou qualquer outra coisa que pareça inalcançável. O que você precisa é de comprometimento, vontade e coragem para dar o seu melhor em cada oportunidade.

O que eu quero que você entenda é isso: você é capaz. Você pode alcançar seus objetivos, realizar seus sonhos e construir a vida que deseja. E, quando isso acontecer, vai perceber que cada passo do caminho valeu a pena. Porque não é uma questão de fama, mas do esforço que você coloca em tudo o que faz. E isso é algo que só depende de você.

Uma equipe que realiza sonhos

Ter uma equipe que realiza sonhos é ser capaz de criar resultados apaixonantes juntos. É entender que cada pessoa ali tem um papel único, que contribui para transformar ideias em realidade. Para mim, uma equipe vai além de um grupo de pessoas trabalhando juntas; é uma família escolhida, onde a confiança, o respeito e a dedicação são a base de tudo.

Quando você tem uma equipe que sonha junto com você, as coisas fluem. É aquela energia que faz todo mundo dar o seu melhor, que transforma desafios em oportunidades e entrega resultados que emocionam. Mas, sabe qual é o segredo? Não é só ter gente competente. É criar conexão. É ouvir, apoiar, valorizar e estar presente.

Sempre digo que sozinha eu não chego a lugar nenhum. E é verdade. Os eventos mais memoráveis que organizei não foram feitos apenas por mim, mas por muitas pessoas que colocaram o coração em cada detalhe, do fornecedor ao assistente. Eles entendem que não é só organizar um evento. É criar momentos que ficam para sempre na memória de quem viveu aquilo.

Uma equipe que realiza sonhos é o que torna possível transformar trabalho em paixão, e paixão em resultados que fazem o coração bater mais forte.

• O coração por trás do time

Como seleciono o pessoal para trabalhar comigo? Primeiro, a pessoa tem que trabalhar com o coração. Isso é o que mais quero. Para mim, escolher alguém para a equipe vai muito além de ter um bom currículo ou algumas habilidades técnicas. Procuro pessoas que querem vencer, fazendo o que fazem com paixão e interesse legítimo de entregar o seu melhor. Digo que montar meu time de trabalho é encontrar pessoas que tenham brilho nos olhos, que tragam energia positiva e uma vontade verdadeira de fazer acontecer. Busco quem está disposto a aprender, crescer e, acima de tudo, se dedicar a transformar os sonhos dos outros em realidade.

Uma equipe que realiza sonhos é o que torna possível transformar trabalho em paixão, e paixão em resultados que fazem o coração bater mais forte.

A pessoa pode não saber nada sobre o ramo em que vai trabalhar, mas se ela se comporta de uma maneira diferenciada, é um pouco mais prestativa, atenciosa e quer trabalhar direito, eu a trago para o meu lado. Sempre digo: não importa o que a pessoa sabe, porque aprender é fácil quando se tem algo muito mais valioso: a disposição e a vontade de fazer a diferença. A técnica a gente ensina, mas o desejo genuíno de servir e criar momentos inesquecíveis para os clientes é algo que vem de dentro.

Eu olho bastante para o comportamento das pessoas, procuro aquelas que têm um jeito especial de se conectar com os outros e demonstram que querem muito fazer parte do meu time. São elas as que mais me interessam. No fim das contas, trabalhar comigo não é só ter técnica; é mostrar entrega, paixão e vontade de crescer junto.

É assim que eu seleciono o meu pessoal, os meus colaboradores. O que conta é a atitude, o brilho nos olhos e a vontade de vencer.

Muitas pessoas passam por minha equipe, algumas se foram, seguiram o caminho delas e depois voltaram. Mas a maioria fica na minha vida de alguma forma, porque elas se conectam de verdade com o meu trabalho. O mais incrível é que, de uma forma ou de outra, a maioria delas continua ligada a mim e ao que fazemos. Ainda não vi ninguém que tenha trabalhado com a gente e, ao sair, tenha deixado de vez o mercado de eventos. É bastante comum ver alguém que já trabalhou comigo ainda atuando dentro desse mercado, brilhando em outro lugar. Às vezes, estão em outra atividade, mas sempre dentro do mercado de eventos, porque aprenderam a trabalhar com a felicidade, com a ideia de fazer o próximo feliz. E quando você é fisgado por esse mundo, não quer sair nunca mais.

Eu sei que é assim porque trabalhar com eventos é bem isso: é se apaixonar pela felicidade. É transformar sonhos em realidade, criar momentos inesquecíveis para as pessoas. E essa experiência mexe com a gente de um jeito que fica impossível largar. É um mundo que envolve a gente de corpo e alma e, uma vez dentro dele, é difícil querer sair.

Mais do que colegas de trabalho, vejo a equipe como uma família. Na verdade, eu assumo mesmo esse papel de mãe de todos! É minha responsabilidade cuidar, ensinar e puxar cada um para cima. Porque nosso trabalho não é só entregar eventos impecáveis; é transformar vidas, tanto as dos nossos clientes quanto as de todos que trabalham comigo.

• Como a minha estrutura de trabalho funciona

A equipe tem que ser apaixonada pela felicidade dos outros, ela tem que querer servir, querer fazer o seu melhor. Esse é o segredo do sucesso do meu time. Trabalhar com eventos não é só organizar festas ou seguir roteiros; é realizar sonhos, superar expectativas e fazer com que cada pessoa ali se sinta especial.

Pode ser que alguém não saiba ainda fazer tudo o que é necessário, mas a verdade é que não é preciso saber tudo desde o início. O importante é querer aprender, desejar servir, ter brilho no olhar e a vontade de entregar o seu melhor. E então vou ali pontuando uma coisa ou outra, mostrando às pessoas o que é importante e o que é preciso fazer para realizar os sonhos de nossos clientes. Então, conseguimos, todos juntos, superar as expectativas.

Como líder dos eventos, procuro constantemente estimular que todos sonhem comigo e tenham esse objetivo de ser inesquecível para o cliente. Procuro fazer com que vivam o que eu vivo e se sintam à vontade para falar comigo e dar opiniões, sem medo. Procuro dar o meu melhor sempre, para que eles possam se espelhar em mim e, juntos, fazermos um trabalho ainda melhor.

Minha equipe precisa viver o que eu vivo, sonhar o meu sonho junto comigo, fazer disso o sonho deles também. Não adianta trabalhar comigo sem essa conexão, porque o que fazemos exige entrega total. E tem mais uma coisa: eles não podem ter medo de mim. Parece estranho dizer isso, mas sei que, por muitos anos, eu tive um comportamento que assustava as pessoas que trabalhavam comigo. Fiz muita terapia e aprendi a fazer diferente. Antes de fazer terapia, talvez minha intensidade fosse mal interpretada. Mas hoje sinto que motivo uma transformação – tanto em mim quanto neles. Agora posso perceber que inspiro o meu time, de forma que todos acabam escutando a minha voz, entendendo como eu resolvo as coisas e inclusive dando sugestões muito pertinentes. É uma troca muito bacana, que acaba sempre melhorando nossos resultados.

A minha característica mais forte de trabalho é procurar olhar com muita atenção e ver tudo o que está acontecendo em torno do evento que estou organizando. Eu não deixo passar nada. Tenho um olhar sagaz, atento a cada detalhe, e exijo o mesmo da minha equipe. Não se trata de perfeição, mas de atenção. Ver além, antecipar problemas, ajustar o que precisa ser ajustado antes que se torne um problema. E meus parceiros também aprendem a ter esse mesmo tipo de olhar.

Um evento bem-sucedido começa muito antes do grande dia. O segredo está na preparação inicial de todo o trabalho. Se tudo for alimentado com cuidado, alinhado com atenção e ajustado com carinho, a execução flui. Assim, a gente alimenta o pré-evento com muitas informações e possibilidades. Quando ele está alimentado com todas as informações e tudo está ajustado, tudo muito alinhado, a gente consegue lidar com os imprevistos no dia do evento. Até a chuva, que para muitos seria um desastre, entra no planejamento – porque criamos os planos A, B, C e D, com formas de resolver tudo o que poderia acontecer na data programada para o evento.

Agora, a troca que temos entre nós é mágica. As pessoas da equipe me conhecem tão bem que até dizem ouvir minha voz nos bastidores, imaginando como eu resolveria determinada situação. Essa sintonia é muito especial, porque mostra que crescemos juntos, que estamos alinhados na mesma energia, com o mesmo propósito.

Essa é a essência de um time que funciona muito bem trabalhando juntos: paixão pelo que faz, conexão com o propósito, e um compromisso forte com a felicidade dos outros. Porque o sucesso de um evento não pode ser apenas um reflexo do planejamento, mas sim a materialização da energia e da dedicação que cada um colocou ali.

Entregando a experiência completa

Quando digo que o nosso ofício tem 360°, não é força de expressão, é literalmente isso. A gente não vende o trabalho, a gente vende a "experiência Trancoso". Vende uma experiência inteira, um mergulho em tudo o que Trancoso tem de mais mágico. É como costurar um sonho com todos os detalhes que transformam um momento em algo único. A gente recomenda, por exemplo, que as pessoas cheguem pela balsa, em vez de chegarem pela estrada, para que a experiência seja completa, não apenas focada no nosso serviço, mas naquilo que Trancoso oferece em geral. Parece um simples detalhe, mas é aí que a magia começa. Porque, quando você chega pela balsa, já é abraçado pelo encanto. Aquele vento no rosto, o mar se abrindo diante de você, o ritmo desacelerando... É como um convite para entrar em um universo diferente, onde tudo é mais leve, mais autêntico.

Essa experiência não é o evento em si, mas a maneira como as pessoas vão se sentir desde o momento em que pisam em Trancoso. Para mim, não faz sentido entregar apenas um evento bonito e bem-organizado, se a jornada até ele não for igualmente especial. É por isso que eu presto atenção no todo: na recepção dos convidados, no transporte, no hotel, na gastronomia local. Cada detalhe conta e cada pequena coisa tem o poder de transformar uma boa experiência em algo inesquecível.

Quando você escolhe Trancoso para celebrar, seja um casamento ou qualquer outra ocasião especial, não está só contratando um serviço, está dizendo "sim" para viver algo único, para criar memórias que vão muito além da festa. Está aceitando sentir o lugar, se conectar com as pessoas e deixar que a energia de Trancoso faça parte da sua história.

O meu papel é ser a guardiã dessa experiência, orquestrar todos os detalhes para que tudo flua da melhor forma possível. Desde a balsa até o último brinde, tudo tem que estar alinhado, porque a gente não entrega somente eventos. A gente entrega o coração de Trancoso, embalado na felicidade de cada convidado.

Alguns segredos para trabalhar com eventos

Entrar no mercado de eventos é abrir a porta para um mundo fascinante, mas também desafiador. Eu sei como pode parecer assustador no começo –

aquele frio na barriga, a dúvida sobre por onde começar... Mas respire fundo e venha comigo. Vou mostrar o caminho com passos práticos e um toque de coragem, porque aqui a gente sempre faz acontecer!

• Um passo a passo para começar com o pé direito

- **Primeiro passo:** acredite em você. Saiba que você é capaz de fazer dar certo. Não tenha medo de arriscar, de se atirar de cabeça naquilo que quer realizar. Confie na sua capacidade. Não dá para entrar nesse mundo com o freio de mão puxado. Você precisa acreditar que é capaz, mesmo que o cenário pareça intimidador. Todo mundo começa de algum lugar, e o importante é dar o primeiro passo com a certeza de que vai aprender e evoluir ao longo do caminho.
- **Segundo passo:** procure se informar e aprender o que for necessário. Comece pelo básico e depois vá se especializando, fazendo os cursos necessários, procurando as consultorias e as mentorias que puderem ajudar você a crescer. Hoje em dia você não precisa quebrar tanto a cara, passar por tudo que eu passei, para conseguir trabalhar com eventos. Há muita coisa disponível para você aprender e muita gente boa para ajudar.

  Busque aumentar seus conhecimentos e especializações. O mercado está cheio de cursos, mentorias e conteúdos especializados que podem encurtar sua jornada de aprendizado. Invista em conhecimento! Quanto mais você aprender, mais confiança vai ter para começar com o pé direito e crescer no seu negócio.
- **Terceiro passo:** procure se cercar de todas as informações necessárias sobre as empresas que existem na sua região. Uma coisa que facilita a vida de qualquer profissional de eventos é estar por dentro de tudo que sua vizinhança oferece. Pesquise quem são as melhores empresas de bar, decoração, floristas, DJs, bandas, maquiadoras e tantas outras que você vai precisar usar nos seus eventos. Pense até mesmo em serviços que talvez ainda nem existam na sua área, mas que você pode identificar como uma oportunidade de criar ou trazer de fora.

Se não houver algum serviço disponível ou algum tipo de empresa que você vai precisar, estude a possibilidade de criá-los.

Com uma rede sólida de fornecedores e contatos, você ganha agilidade e segurança para montar um evento incrível em tempo recorde. Quando tem todas essas coisas na palma da mão, você faz um evento de qualidade, em um piscar de olhos. E o melhor é que essa base vai se tornar seu grande diferencial no mercado.

As cinco fases para o seu evento ser perfeito

Organizar um evento é como construir um grande sonho do zero. Cada etapa é uma peça fundamental, cada decisão é um tijolo colocado no lugar certo e cada detalhe é que dá vida ao resultado final. Não dá para pular etapas, porque é o trabalho cuidadoso que sustenta toda a beleza que vem depois.

Vou compartilhar com você as cinco fases essenciais para que o seu evento seja inesquecível, daqueles que encantam e ficam gravados na memória de todos os presentes. Cada uma dessas fases é um pilar para construí-lo, garantindo que nada saia do lugar e que o resultado seja sólido, lindo e impactante.

1. O começo de tudo: a primeira reunião

É na sua primeira reunião com o cliente que você vai entender tudo o que vai precisar acontecer durante todo o processo do evento. Imagine essa reunião como o momento em que você encontra a peça-chave para um quebra-cabeça gigante. Seja com a noiva que sonha com um dia mágico, a mãe que quer tudo perfeito para o début da filha, ou o diretor de uma empresa planejando um evento corporativo memorável, aqui é que você vai captar a essência do trabalho a ser feito. Portanto, nessa reunião, escute mais do que fale. Esse é o momento de entender os desejos, as expectativas e até aquelas entrelinhas que o cliente nem consegue verbalizar.

2. A base do sucesso: o planejamento

Planeje tudo direitinho: e quando eu digo tudo, é tudo mesmo, desde reuniões com fornecedores até o cronograma da montagem e desmontagem do evento. Tenha checklists e cronogramas bem detalhados. Prevenir imprevistos é a maior prova de profissionalismo que você pode dar. E lembre-se: sem planejamento, você está apenas torcendo para que as coisas deem certo.

3. Escolha dos fornecedores: monte o time certo

Os fornecedores são os jogadores do seu time. E um jogador errado pode botar tudo a perder. Então, escolha aqueles que têm a mesma visão que você, que entregam com a mesma paixão e qualidade. Tenha sempre ao seu lado os melhores fornecedores. E aqui vai uma dica de ouro: trate-os como seus verdadeiros parceiros, porque, afinal, é isso que eles são. A confiança entre vocês será a base para entregar um evento impecável.

4. Pense no tempo e no movimento da festa

Pense em tudo acontecendo, olhe para o seu evento como se estivesse olhando para um tabuleiro de xadrez. Olhe de cima e não na horizontal. Veja todas as peças, imagine todas as jogadas. Esta é a fase que vai fazer a diferença entre um evento que flui como um sonho e um que parece um pesadelo. Visualize o evento de cima, como se você fosse um grande estrategista. Antecipe movimentos. Cada ação – desde a chegada dos convidados até a última dança – precisa ter um tempo certo e uma harmonia com todo o evento.

5. Finalize o seu evento com maestria

Este é um passo muito essencial, mas que as pessoas não dão tanta importância, muita gente até subestima. A finalização é tão importante quanto a execução. Verifique todos os detalhes finais. Confira tudo, preste contas de tudo, certifique-se de que seus convidados retornaram em paz para casa, que todos chegaram bem, que o evento foi desmontado em tempo hábil e dentro das normas, que nada foi danificado e que seu cliente não receberá uma multa. Resolva qualquer pendência antes que vire um problema. E, então, encerre com maestria o seu trabalho. Essa parte é muito importante e contribui demais para elevar o seu nome profissional no mercado. Finalizar bem é o que transforma clientes em fãs.

Três erros que podem acabar com a carreira de um assessor de eventos

Ser assessor de eventos é viver em uma montanha-russa, cheia de altos e baixos. É uma profissão com muitos desafios, mas também repleta de recompensas.

Porém, como em qualquer área, existem erros que comprometem o evento e ainda podem abalar sua reputação e até colocar sua carreira em risco. Nesse mercado, um deslize pode custar muito caro. Não estou falando apenas de dinheiro ou de um cliente insatisfeito, mas de algo mais sério: a quebra de sua reputação.

Já vi muita gente perdendo clientes e dinheiro no mercado, por caírem nesses erros. Já vi profissionais talentosos perderem espaço por cometerem falhas que poderiam ser facilmente evitadas.

Então, quero compartilhar com você os três maiores deslizes que vejo acontecer. Vou falar sobre eles para que você procure evitá-los a qualquer custo, pois são aqueles que, se não forem contornados, podem enterrar uma carreira promissora, sobretudo na área de eventos de casamentos.

1. Não entender o que seu cliente realmente quer

A falta de comunicação clara com o cliente é um dos erros que mais põem a perder a organização de um evento. Não entender exatamente o que ele quer, o que busca e pensa realizar vai levar você a idealizar o evento da maneira errada. Esse erro é fatal e é o caminho mais curto para frustrações.

Seu cliente sonha, imagina, visualiza cada detalhe. E você precisa estar sintonizado nesse sonho. Não adianta entregar um evento "perfeito" se ele não reflete o que o cliente deseja. Escute com atenção, faça perguntas, mostre referências e valide cada ideia. Afinal, o que importa não é o que você acha bonito, mas o que é significativo para quem está contratando você.

2. Ignorar as fotos protocolares – um detalhe que faz toda a diferença

Você sabia que esquecer as pessoas-chave das fotos protocolares pode gerar um estresse gigantesco? Essas fotos – na mesa do bolo, no altar ou em cenários especiais, por exemplo – são um símbolo da memória que os noivos levarão para a vida toda. Aquelas fotos que não podem deixar de existir em nenhum álbum.

Antes do evento, converse com os noivos e descubra quem eles consideram indispensáveis nas fotos. E mais: oriente o fotógrafo para garantir que nenhuma dessas pessoas fique de fora.

Não conferir com seus noivos quem são as pessoas indispensáveis para as fotos protocolares vai gerar muitos desgostos para o cliente sempre que ele for rever suas fotos. E isso é uma péssima lembrança que ele terá do profissional que organizou o evento.

3. Errar na entrada dos noivos na pista de dança

Ah, a pista de dança! É o momento em que a festa ganha vida, o ápice das emoções. Mas sem um alinhamento prévio, o sonho pode virar uma confusão. A entrada dos noivos na pista de dança é muito importante; não menospreze esse momento.

Então, pergunte tudo aos noivos: qual a música escolhida, se vai ter coreografia, se haverá discurso ou uma dança especial com os pais, se a noiva vai dançar com o pai ou apenas com o noivo, se ela não vai dançar. Planeje com antecedência e garanta que a entrada seja mágica e personalizada – do jeitinho que eles imaginaram.

• Por que esses erros são tão perigosos?

Porque os eventos são experiências emocionais. Quando algo sai do roteiro, pode parecer pequeno para você, mas para o cliente é como um castelo desmoronando. Então, é preciso entender que sua reputação está diretamente ligada à sua capacidade de ouvir, planejar e executar com sensibilidade e precisão tudo o que o cliente deseja.

Lembre-se: atenção aos detalhes não é só um diferencial, é uma obrigação para quem quer se manter no topo nesse mercado. E, no final, quando tudo fluir como mágica, você será lembrado como o profissional que transformou sonhos em realidade.

• Um conselho extra

Existem mais dois erros que considero fatais, que também acontecem com frequência e que você precisa ficar muito atento:

- Prometer mais do que você pode cumprir é um erro clássico. Ser realista é sempre melhor do que criar expectativas que você não vai alcançar.
- A desorganização é uma falha muito grave. No nosso mundo, organização não é um detalhe; é a espinha dorsal do sucesso.

Cada um desses erros carrega consequências que têm o poder de destruir sua carreira. Portanto, esteja sempre muito atento para evitar cada um deles.

Conte com colaboradores de sua confiança

Ninguém faz nada sozinho. Então, busque o apoio de pessoas que acreditam em você, em cursos que vão abrir sua mente e em parcerias que irão construir o sucesso do seu negócio. Porque, no fim, a gente não trabalha apenas com eventos; a gente realiza sonhos – inclusive pelos nossos próprios sonhos.

Tenha sempre em mente que o que torna um evento perfeito não é simplesmente seguir etapas, mas colocar o coração em cada uma delas. Porque o que estamos entregando não é apenas uma festa ou uma comemoração. É uma experiência que vai ficar marcada para sempre na vida das pessoas. Isso é o que torna o nosso trabalho mágico e especial.

Tenha sempre em mente que o que torna um evento perfeito não é simplesmente seguir etapas, mas colocar o coração em cada uma delas. Porque o que estamos entregando não é apenas uma festa ou uma comemoração. É uma experiência que vai ficar marcada para sempre na vida das pessoas. Isso é o que torna o nosso trabalho mágico e especial.

NUNCA FUI DE DESISTIR DE NADA

Esse é um dos grandes segredos para o sucesso, em especial quando você lida com eventos: seja no que for na vida, nunca desista antes de chegar ao seu objetivo. Se você precisar parar um pouco, pare. Respire, reorganize, recupere as forças. Às vezes, é exatamente isso que a gente precisa para enxergar as coisas de forma mais clara e seguir com mais coragem. Mas entenda que desistir não é uma opção. Sonhos são como sementes que plantamos e que precisam de cuidado, de paciência. Então, descanse se for necessário, mas lembre-se: continue em frente. É isso que vai levar você aonde realmente quer chegar.

Perseverança e resiliência

Acredito, sim, que minha jornada seja um reflexo da minha força, resiliência e perseverança. Mais ainda, acredito inclusive que é assim para você e que, se aceitar esse compromisso, você também terá sucesso.

Desde os primeiros passos na área do empreendedorismo, enfrentei desafios que testaram não apenas minhas habilidades, mas também minha capacidade de me reinventar e de me levantar cada vez que a vida colocava um novo obstáculo em meu caminho. Muitas vezes, carregando uma dívida considerável e em um cenário incerto ao meu redor, enfrentei a situação com a coragem e a fé como minhas aliadas, determinada a sempre reconstruir meu caminho a partir do zero, se necessário.

Cada etapa do meu percurso foi uma lição de perseverança: abracei oportunidades em áreas que eu mal conhecia, formei redes de fornecedores locais praticamente inexistentes e promovi um movimento que vem impactando de forma profunda a região. Em vez de desistir frente aos desafios, enxerguei neles possibilidades de crescimento e transformação, tanto para mim quanto para a comunidade. O que construí, com a ajuda de parceiros e pessoas incríveis, foi mais que um negócio; foi a chance de transformar dificuldades em combustível para conquistas e inspirar não só a mim mesma, mas também outras pessoas, que igualmente passaram a sonhar mais alto e a acreditar em seu potencial.

A resiliência não é apenas uma questão de sobreviver, mas de prosperar e criar algo que vai além do sucesso individual. Percebo, com orgulho, que cada passo que dei em direção ao meu sonho também fortaleceu laços e abriu portas para quem ainda não havia ousado sonhar. Isso me mostrou que, apesar de todas as adversidades, o poder de acreditar em um futuro melhor e de me erguer com coragem pode transformar não só a minha vida, mas também a de muitos ao meu redor.

O fundo do poço tem mola

Sempre tem aquele momento em que a vida te puxa pelo braço e te joga direto no chão. Pois é. Foi exatamente assim que eu me senti quando o meu mundo desabou. Mas estou aqui agora para dizer que o fundo do poço não é o fim de tudo. Na verdade, no fundo do poço sempre tem uma mola. E se você aprender a usá-la, pode voltar para cima mais forte do que imagina.

Mas do que é que eu estou falando? É de um acontecimento que poucas pessoas sabem que passei. Depois de anos colocando meu coração e minha alma no trabalho, Trancoso finalmente tinha se tornado o lugar perfeito para

A resiliência não é apenas uma questão de sobreviver, mas de prosperar e criar algo que vai além do sucesso individual. Percebo, com orgulho, que cada passo que dei em direção ao meu sonho também fortaleceu laços e abriu portas para quem ainda não havia ousado sonhar.

eventos. Eu vivia um sonho: tinha conquistado o reconhecimento que sempre desejei, minha casa parecia saída de uma novela, o carro estava sempre abastecido; e o guarda-roupa? Ah, ele nunca viu tanto glamour. Tudo estava encaixando muito bem na minha vida. Até que, no meio da pandemia, veio a pancada: descobri um tumor de 5 cm no meu pescoço.

Naquele instante, parecia que todas as minhas conquistas tinham perdido o sentido. Eu vinha sofrendo dores terríveis, que irradiavam pelo corpo de uma forma que mal consigo descrever. Minha fisioterapeuta chegou a sugerir que fossem causadas por estresse e excesso de trabalho. Segui o conselho dela e comecei uma terapia, mas a verdade é que tudo se mostrou bem diferente e mais terrível do que eu imaginava.

Descobrir que aquelas dores insuportáveis vinham de um tumor foi como um soco no estômago. Era uma dor tão intensa que eu não conseguia me deitar, só sentar. Todas as ressonâncias eram feitas com sedação. A morfina e os opioides já não davam conta, e eu me via presa em um ciclo de dor que parecia não ter fim. A solução? Cirurgia.

Porém, cinco dias antes de enfrentar o centro cirúrgico, veio outro golpe, para derrubar ainda mais o meu ânimo: meu namorado terminou comigo. Eu já estava no limite. Aquilo me levou ao fundo do poço, aquele lugar que ninguém quer conhecer, onde a gente sente que não tem saída e que talvez seja o fim.

Mas foi lá, nesse buraco escuro, que algo despertou dentro de mim. Entendi que o fundo do poço tem mola. E quando você decide usá-la, a volta é rápida e poderosa. Naquele momento, decidi que não seria a vítima dessa história. Imaginei minha recuperação, já em casa, realizando algo grandioso. Foi assim que nasceu a ideia de trazer o show do Lulu Santos para Trancoso. Um evento que movimentaria a economia local e mostraria que, mesmo em tempos difíceis, é possível fazer a diferença.

E adivinha o resultado? Eu consegui realizar o que tinha planejado. Depois da cirurgia, entrei em contato com Lulu e ele tinha uma data disponível. Preparei esse evento com toda a minha energia. Reunimos quatro mil pessoas e foi um grande sucesso. E isso marcou minha trajetória de uma forma que nunca vou esquecer. A sensação de vitória, de ter dado a volta por cima, é impossível de descrever.

Mas não pense que tem sido fácil... A estrada até os dias de hoje foi cheia de desafios. Passei por quatro cirurgias, cada uma com riscos altos. O medo de embolia, paraplegia ou aneurismas estava sempre ali. Mesmo assim, escolhi enfrentar cada uma delas com a cabeça erguida e a certeza de que se algo tivesse que acontecer, seria no tempo certo. Não porque eu não tinha medo, mas porque aprendi que as coisas só acontecem quando têm que acontecer. E, quando chegam, não adianta correr; a única saída é passar pelo que é necessário.

Hoje, minha vida ainda carrega as marcas dessa jornada. Ainda faço ressonâncias regulares que parecem intermináveis. A cada três ou quatro meses, lá estou eu, deitada naquela máquina, encarando ressonâncias que duram até seis horas. Mas aprendi algo poderoso nesse processo: a mente é uma ferramenta incrível. Sabe o que mudou? Agora eu consigo meditar dentro da máquina, mesmo com aquele ruído ensurdecedor.

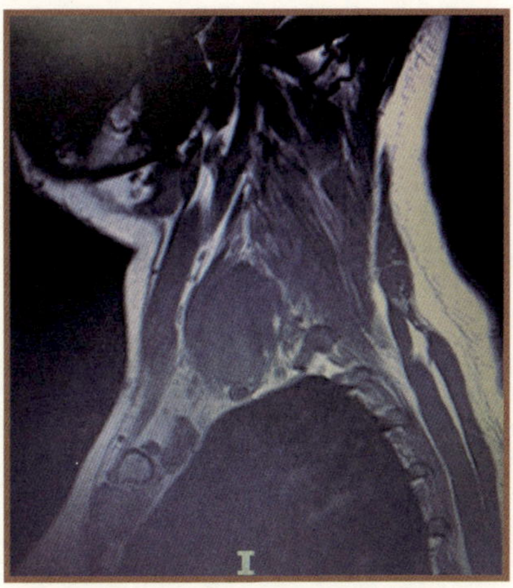

Foto: arquivo pessoal.

Ainda assim, é desafiador. Cada novo exame, cada nova sensação no corpo parece um alerta, como se a qualquer momento algo pudesse dar errado. Nessas horas, o controle emocional é tudo. É ele que me impede de

Não importa o tamanho
do desafio, enfrente de
cabeça erguida.
Fugir não resolve.
Adiar só aumenta o peso.
O segredo é seguir adiante,
mesmo com medo,
e confiar que o próximo
passo vai te levar para
algo maior e melhor.

desmoronar, de deixar o medo tomar conta. Mas aprendi que mesmo nos momentos mais assustadores a gente pode encontrar paz, calma e força para continuar.

E tem algo muito especial que quero deixar como um conselho carinhoso para você: não importa o tamanho do desafio, enfrente de cabeça erguida. Fugir não resolve. Adiar só aumenta o peso. O segredo é seguir adiante, mesmo com medo, e confiar que o próximo passo vai te levar para algo maior e melhor.

Então, quando alguém me pergunta o que me move, eu respondo: coragem. Não sou diferente de você. Só escolhi acreditar que cada queda é uma oportunidade para voltar mais forte. E nunca se esqueça: o fundo do poço não é o fim. Ele é só o trampolim que você precisa para alcançar o céu infinito.

Hoje, ao olhar para trás, agradeço profundamente a Deus por tudo o que aconteceu. Parece estranho dizer isso, né? Como alguém pode agradecer por momentos tão difíceis? Mas a verdade é que foi esse turbilhão que me empurrou para frente, me obrigando a encontrar um propósito ainda maior para minha vida.

Eu lembro como se fosse hoje: me visualizei saindo do hospital, me sentindo inteira de novo, voltando para casa cheia de vontade de transformar dor em movimento. Foi nesse momento que me veio a inspiração para tornar o show do Lulu Santos algo muito especial. Não era simplesmente trazer música ou entretenimento. Tratava-se de levantar a economia local, de mostrar que os eventos são muito mais do que festas: eles são possibilidades, recomeços, impactos reais. O evento reuniu as pessoas e as conectou pela música, mas também pela energia de acreditar que o impossível pode se tornar realidade. Foi uma das entregas mais memoráveis que fiz na história de Trancoso.

Então, quero encorajá-lo a encarar seus problemas com coragem e determinação. Fugir só estende o sofrimento. Deixar para amanhã só acumula. A vida não espera, e você também não pode esperar. A coragem não é a ausência de medo; é o ato de seguir em frente, mesmo com as pernas tremendo.

E se você me perguntar: "Como é que a Mannu Carvalho conseguiu superar tudo isso?", eu respondo: "Ela não tem nada de especial. Não é superpoderosa nem infalível. Mas tem coragem. Tem uma vontade inabalável de acertar. Acredita que a vida dela tem um propósito e que, sim, algo maior já estava escrito. Acima de tudo, ela vive com um lema: faça o bem, sempre. Nunca o mal. E siga em frente".

E é exatamente isso que eu quero lhe dizer. A vida pode até derrubar você, mas o que você faz quando está no chão é o que define quem você realmente é.

Conselhos para quem quer ter sucesso

Para você que deseja se tornar um empreendedor de sucesso, vou compartilhar a seguir alguns pontos que considero muito importantes para construir uma carreira vitoriosa. São os aprendizados que me trouxeram até aqui e que desejo que você também use para encontrar seu caminho para crescer, impactar pessoas e realizar algo duradouro e verdadeiro.

1. ***O primeiro ponto que sugiro é que aproveite as oportunidades e tenha sempre uma visão ampla.*** Muitas vezes, a vida nos apresenta chances em situações completamente inesperadas. Pode ser um caminho não planejado ou uma proposta que surge do nada. A minha dica é: "tire a viseira" e veja o cenário de 360°. Observe tudo à sua volta, porque muitas oportunidades passam despercebidas quando estamos com um foco fechado. Eu costumo falar que vejo 360° o tempo todo, porque estou sempre ligada por inteiro em tudo o que acontece.
2. ***Encontre o que o motiva a fazer o que faz.*** Acredite: todos temos um "porquê" e um "por quem" fazer o que fazemos, que precisa ficar muito claro. Todos nós temos uma razão maior que nos motiva. No meu caso, meu filho, que tive aos 17 anos, sempre foi o meu "por tudo." Descubra o que o faz levantar da cama todos os dias. Esse propósito vai lhe dar força nos momentos mais difíceis e manter o foco no seu objetivo.

3. *Agarre as oportunidades com perseverança.* Nem tudo precisa estar perfeito para você começar. No início, eu não tinha um grande plano, mas fui agarrando as oportunidades e, com o tempo, lapidei a estratégia e a organização. Esse é o caminho: segure-a e dedique-se ao máximo. Mesmo quando as coisas acontecerem sem você planejar, segure a oportunidade. Também invista em estudar e aprimorar suas mais diversas estratégias, como a negociação e a organização e tudo o mais que seja importante para que as coisas aconteçam da melhor maneira. Dessa forma, você estará mais preparado para identificar as oportunidades que surgem.

4. *É muito importante valorizar o mailing e os dados qualificados.* Não subestime o poder dos dados. Para quem trabalha com eventos, os dados dos clientes são uma ferramenta poderosa para criar conexões mais profundas. Solicite essas informações de forma ética e personalizada; isso traz um diferencial imenso. Por exemplo, no caso dos casamentos, já no contrato de serviços pedimos para que o cliente forneça a lista dos convidados e de todas as pessoas que vêm para o evento, com o telefone ou o e-mail.

5. *Desafie-se a bater metas e nunca pense que são inalcançáveis.* O que existe é foco e dedicação. Cada desafio superado aumenta a confiança e fortalece a determinação. Trabalhe com uma meta clara em mente e busque sempre superar as expectativas. Depois de três meses trabalhando na pousada, virei gerente geral. Dobraram o meu salário, mas me puseram metas consideradas imbatíveis, dizendo que se eu as batesse iria ganhar muito mais. Em pouco tempo eu estava muito além das metas que me exigiram e ganhando muito mais em comissões. Ou seja, não existe meta imbatível, o que existe é dedicação, foco, resiliência, entre outras coisas.

6. *Sempre entregue mais do que te contratam para fazer.* Esse é um dos grandes segredos do meu sucesso. Se puder, surpreenda o cliente em cada detalhe. Isso cria uma experiência única, fideliza e transforma clientes em promotores naturais do seu trabalho. Lembre-se sempre, também, de fazer 120% do que se comprometeu a entregar.

7. ***Escolha fornecedores que compartilhem da mesma visão e se tornem parceiros leais.*** Para quem trabalha com eventos, essas parcerias são essenciais para garantir que cada detalhe saia como planejado, sem margem para erros.

8. ***Em vez de investir fortunas para atrair novos clientes, valorize os que já estão com você.*** Mime esses clientes, trate-os de forma única. Eles vão contar a experiência positiva para outros, e isso é o marketing mais poderoso e barato que existe.

9. ***Em vez de temer a concorrência, ajude a qualificar o mercado ao redor.*** Com o tempo, isso beneficia a todos, inclusive você. Foi assim que transformei fornecedores em parceiros de confiança, pensando no crescimento de Trancoso como um todo e não apenas no meu próprio negócio.

10. ***Não pense apenas no lucro pessoal.*** O impacto que você pode gerar vai muito além de um negócio bem-sucedido. Sonhe grande, impacte a comunidade ao redor e deixe sua marca. Quando você empreende com um propósito que vai além dos ganhos pessoais ou financeiros, as conquistas se multiplicam.

PARTE 5

Visão para o futuro e próximos passos

REALIZAÇÕES, SONHOS E NOVOS CAMINHOS

Quero deixar aqui uma reflexão: entenda que não existe nada impossível. Nenhuma dívida ou obstáculo é intransponível quando se tem coragem, força e vontade de trabalhar. Quantas vezes não nos limitamos pelo medo, acreditando que somos incapazes de algo, antes mesmo de tentar? É fácil se apegar às inseguranças, mas preciso dizer que, muitas vezes, esses medos são apenas sombras que projetamos sobre nós mesmos.

Aprendi muito cedo, com minha mãe, a força de transformar dores em combustível para o sucesso. Durante a infância, meus traumas e revoltas me ensinaram lições profundas. Lembro-me do desejo ardente de mudar a minha realidade, de construir algo que fosse realmente meu. Hoje, cada um desses desafios que enfrentei e superei é o que me faz uma empreendedora determinada e resiliente. Às vezes, o que precisamos é pegar nossas feridas e transformá-las em algo maior. Essas marcas, que carregamos com tanta dor podem se tornar a nossa paz, o nosso futuro e a força para realizarmos sonhos.

Trancoso foi o lugar onde minha vida deu um giro e se abriu para um mundo de possibilidades. Aqui, percebi que meu Quadrado não é apenas local, mas um ponto de encontro com o mundo. Conhecemos pessoas de todas as partes, cada uma trazendo novas histórias e aprendizados. A gratidão que sinto pelo que construí e conquistei até agora é imensa e meu coração está cheio de projetos para o futuro.

Tenho planos de fazer de minha rede de empresas em Trancoso mais do que uma marca local, mas um modelo para outras regiões. Esse caminho exige constante atualização e sintonia com as mudanças do mercado, e isso será um dos pilares do nosso crescimento. Com a formação contínua de novos profissionais e o desenvolvimento de negócios como a Casa da Mannu e o Santo Beco, o objetivo é sempre expandir a experiência, o *networking* e o impacto na comunidade.

O maior legado, que espero continuar transmitindo com o Instituto Mannu Carvalho e a +Q1 Eventos, é a visão de que todos podem alcançar o sucesso e o impacto que desejam. Aqui, cada aprendizado, cada parceria e cada desafio é transformado em uma nova oportunidade. O radar de inovação permanece ligado, pois, como aprendi em minha jornada, não há limites para o que se pode realizar quando se está aberto às possibilidades do mundo.

Me orgulho, sim, de dizer que sou um caso de sucesso, mas quero também que você saiba que isso não é algo exclusivo ou inacessível. Se há algo que você realmente deseja, é capaz de conquistar. O que fiz e o que ainda farei é somente um exemplo de que, com trabalho e dedicação, todos podem transformar suas vidas. Então, se você está ouvindo e sentindo esse desejo de mudança, lembre-se: seu sucesso também é possível, e eu espero que você o abrace e realize.

Espero que você perceba que, seguindo essas simples orientações, terá mais resultados, maior controle sobre o seu negócio e reduzirá muito a chance de desistir no meio do caminho, diante de alguma dificuldade um pouco mais complicada. E que ainda poderemos nos encontrar no meio desses caminhos e formar mais uma excelente parceria.

O futuro que está chegando

O ano de 2024 foi, sem dúvida, um dos mais especiais da minha vida. Na verdade, foi um ano surreal. Nele, realizei conquistas que há muito tempo estavam no meu coração. Além de abrir o shopping Santo Beco, um espaço que abriga quatro dos meus negócios, arrendei a Casa de Perainda, um hotel boutique que realizou meu antigo sonho de ter uma pousada. Foi também o ano em que lancei meu primeiro curso online, marcando o início de uma jornada fascinante na área de educação e mentoria em eventos.

O Santo Beco nasceu com o objetivo de criar uma atmosfera que unisse cultura, arte e gastronomia a um preço acessível. Queríamos que os moradores pudessem frequentar o espaço sem restrições, aproveitando um ambiente de happy hour seguro e tranquilo, mas também oferecendo qualidade para atender os turistas mais exigentes. O shopping, que conta com 16 lojas, foi planejado com cuidado para ter uma mistura de negócios bem interessante. Acabamos nos envolvendo diretamente em quatro deles, incluindo o nosso escritório, o Mannu Carvalho, que ficou sediado em um dos espaços do Santo Beco.

Como estamos à frente de tantas empresas, eu precisava de um espaço centralizado para gerenciar tudo; então montei meu escritório lá. Ele já está pequeno, pois também concentra as operações da Viva Trancoso, nossa empresa de viagens, além de coordenar todo o grupo. A ideia de criar o Santo Beco partiu do Caio, meu sócio, que insistiu, mesmo quando eu achava que a ideia não seria viável financeiramente. Ele desenhou a marca, que ficou linda, e o nome Santo Beco foi sugerido pela Juliana, sua namorada.

A Casa de Perainda é uma pousada única, criada por um casal gay que compartilha comigo o mesmo cuidado e carinho no atendimento às pessoas. Ela não oferece apenas hospedagem, mas uma experiência completa. Seu café da manhã tem um menu com diferentes temas a cada dia, e, sempre que me perguntavam qual era o melhor lugar para se hospedar, minha resposta era a mesma: a Casa de Perainda.

Um dia, durante um jantar com os donos, perguntei sobre a venda da pousada. Eles me disseram que, caso não houvesse compradores até o

Carnaval, iriam arrendá-la. Foi quando decidi: "Vocês não vão mais vender. Eu vou arrendar e pagar com o dinheiro que vou ganhar aqui mesmo na pousada". A partir daí, iniciamos as negociações. Arrendei a pousada, adquiri o CNPJ e estou me preparando para comprar o imóvel. Sei no fundo da minha alma que vou conseguir, porque sempre amei muito essa pousada e tudo em que coloco amor acaba dando certo.

A Casa de Perainda veio com um bônus especial: os antigos donos, antes de adquirirem a pousada, eram educadores, e tudo lá segue uma metodologia de ensino bem-estruturada. Isso me deu a ideia de transformar o espaço em uma escola de qualificação profissional em turismo. Há também um salão de festas, que pode ser usado tanto para casamentos menores quanto para aulas e treinamentos do Instituto Mannu Carvalho. Essa visão educacional foi o grande diferencial que me levou a abraçar esse projeto.

Foi também nesse ano de 2024 que lancei meu primeiro curso online, "Como sair do zero a 40K por mês com produção de eventos", que posteriormente passou a se chamar "Método Mannu Carvalho". Isto porque o que eu ensino vai muito além da produção de eventos; eu ensino a viver e a empreender. Ele foi criado como parte do Instituto Mannu Carvalho, com o objetivo de treinar pessoas na área de assessoria de eventos.

O curso se conecta à +Q1 Eventos, que é a empresa do nosso grupo que oferece suporte aos alunos que concluem o método com bom desempenho, permitindo que eles atuem com nossa marca e filosofia, representando o grupo Mannu Carvalho em suas cidades, em qualquer lugar do mundo, com o meu suporte nos bastidores. Já temos até alunos de outros países participando. Após formados, eles podem seguir dentro do +Q1 ou abrir suas próprias empresas. Ou seja, os meus alunos agora trabalham e eu presto consultoria a eles.

A primeira turma já foi um sucesso tão grande que, apesar de planejada para 30 pessoas, acabamos ensinando para 40, porque abri para mais dez pessoas lá na região. O curso incluiu até uma festa de formatura e já temos o primeiro casamento organizado inteiramente por alunos. Seguindo em frente, o meu próximo lançamento será continuar com educação e oferecer mentorias para ajudar outros empreendedores a alcançarem o sucesso.

E para coroar um ano tão especial, no momento em que escrevo este livro, meu filho voltou a trabalhar comigo e trouxe uma notícia maravilhosa: vou ser avó! Esse é um sentimento completamente diferente de ser mãe. Quando tive meu filho, eu tinha apenas 16 anos e nem compreendia o que estava acontecendo. Agora, a sensação é outra. É uma alegria imensa, uma bênção que trouxe ainda mais sentido à minha vida. Com tantas conquistas, projetos e momentos inesquecíveis, 2024 ficará marcado para sempre como um dos anos mais incríveis da minha história. E deu as boas-vindas não só para 2025, mas para todo um futuro lindo, cheio de novas realizações.

Transformando talentos em Trancoso: o Instituto Mannu Carvalho

Então deixa eu contar melhor esta novidade, que me enche de orgulho e alegria: já está funcionando o Instituto Mannu Carvalho! Esse é um daqueles sonhos que a gente carrega no peito, alimenta com amor e, de repente, consegue realizar. Um sonho antigo que saiu do papel e se tornou real. A ideia aqui é simples: transformar talentos, melhorar a mão de obra no mercado de eventos e abrir portas para quem quer brilhar nesse universo. Mais ainda: a intenção não é somente melhorar a mão de obra no mercado de eventos, mas do turismo em geral; os eventos são apenas uma das formas de atrair a atenção para o nosso ensino e treinamento. Então, vamos trabalhar no aprimoramento da mão de obra principalmente voltada ao turismo. E vamos transformar a vida de muitas pessoas, não só aqui em Trancoso, mas também dos que vivem em cidades semelhantes, que também podem ter sua história mudada.

É minha forma de retribuir tudo que a vida e Trancoso me deram. Quero continuar a criar oportunidades e transformar talentos aqui mesmo, para que mais pessoas possam trabalhar nessa área.

Vamos ter sempre aulas online e presenciais, e todo fim de semana quero trazer para Trancoso ótimos profissionais, gente que eu conheço e admiro, para compartilhar conhecimento e ajudar a construir essa rede de profissionais de qualidade. Além disso, criei um curso online que completa esses treinamentos. Foi um desafio colocar tudo isso junto, mas amei o resultado – é um conteúdo que entrega valor real para quem quer aprender e crescer.

Agora, sendo bem sincera: mesmo que algumas pessoas não sigam na carreira de produtor de eventos, o que elas vão aprender vai muito além disso. São habilidades que você leva para a vida, sabe? É aquela segurança de saber se comunicar, de fazer *networking* sem medo, sem travas. Porque eu, gente, fui criada sem espaço para ter vergonha ou parar em limites. Minha mãe dizia: "Vai lá e faz, Mannu". E quero passar um pouco disso adiante – quero abrir caminhos, ensinar como quebrar o gelo e mostrar que todo mundo tem algo incrível para oferecer. Quero mostrar que não existe limite quando você acredita no seu potencial.

A minha maior paixão é construir uma rede de apoio, na qual todo mundo se sinta acolhido e possa ajudar uns aos outros. Quero continuar ampliando essa comunidade de pessoas que compartilham sonhos, que se ajudam a crescer. O objetivo aqui é não deixar ninguém passar despercebido. Eu quero que cada um que passar pelo Instituto encontre sua chance.

Por enquanto, as vagas são limitadas e quem quiser participar vai precisar entrar em uma fila de espera. Mas não se preocupe, porque todo ano teremos novas turmas e novas oportunidades. E eu, claro, vou manter você sempre atualizado pelo meu Instagram: @mannucarvalhooficial. Fique de olho por lá, porque as novidades estão só começando.

As aulas presenciais vão ser na sala de aula da Perainda, um espaço tão lindo e cheio de energia boa. É lá que também fazemos yoga, e agora vai ser palco de muitos sonhos se realizando. O melhor é que os donos desse espaço compartilham os mesmos valores que eu: cuidar de pessoas, criar possibilidades, fazer o bem, transformar vidas. Dá para sentir o quanto isso é especial? Então, estamos todos alinhados em um único propósito: fazer o bem e abrir portas para quem está pronto para entrar.

O foco do instituto não é apenas nos eventos, mas nas pessoas. Na construção de um mercado mais humano, mais acolhedor, mais preparado e, acima de tudo, mais apaixonado. No fim das contas, trabalhar com eventos é isso: criar felicidade, espalhar amor e transformar momentos em memórias. Então, se você quer fazer parte desse movimento, vem comigo! Porque isso aqui é só o começo. E o que eu sempre digo é: se a gente sonha junto, a gente vai muito mais longe.

O Santo Beco

Quando pensei em abrir um local onde eu pudesse juntar vários empresários e negócios em Trancoso, na verdade, confesso que queria muito chamar de shopping mesmo! Porque, gente, eu sou dessas pessoas que pensa grande, que sonha com tudo lindo, maravilhoso. Mas as coisas foram tomando outra direção e, no fim, o nome acabou ficando Santo Beco mesmo – mas é um nome que também tem tudo a ver com Trancoso, com sua energia e aquele jeitinho único que só quem conhece entende.

Eu e Caio Rehem começamos a sonhar com o Santo Beco, com a ideia de transformar Trancoso em um novo polo de experiências diferenciadas, com uma proposta que combina gastronomia, moda, arte, cultura e serviços, para atrair turistas e se integrar ao cotidiano dos moradores. Juntos, somos hoje responsáveis pela administração e o planejamento criativo, buscando trazer inovação e novas ideias para a economia local.

Quando a gente olhou para aquele lugar que estava vazio, pensamos "O que falta por aqui? O que Trancoso precisa para ser ainda melhor?". Porque, vou te contar, estava difícil até achar um canto para sentar, pedir uma cerveja gelada e um petisco decente. Então eu falei: Caio, vamos abrir as coisas que a gente precisa por aqui. Era um sonho, mas também uma necessidade para poder melhorar essa parte da cidade.

Caio e eu abraçamos esse projeto com a alma. Era aquele tipo de desafio que faz você acordar todo dia com vontade de fazer acontecer, sabe? E olha, não foi fácil, não. Mas a gente queria muito fazer vingar esse empreendimento e batalhamos muito por isso. Pegamos o beco como ele estava, buscamos parceiros e pessoas interessadas, acreditamos e o resultado é que, mesmo com pouquíssimos negócios no começo, conseguimos viabilizar o aluguel de todo o espaço. Foi um passo de cada vez, uma conversa aqui, outra ali, até que começamos a atrair pessoas e ideias que se somaram ao projeto.

O Santo Beco inaugurou um novo capítulo para a região, porque muito mais do que um espaço comercial, ele celebra o talento e a força de Trancoso, provando que é possível unir tradição, acessibilidade e modernidade. E ainda se transformou em um cantinho gostoso, onde todo mundo quer estar.

Esse espaço veio para trazer uma nova visão do que é diversão e facilidades em Trancoso. Ele é mais do que um empreendimento: é um conceito novo de fazer negócios. Com ele, trouxemos para Trancoso algo que vai além do comércio: trouxemos inclusão, sustentabilidade e uma nova visão de comunidade. Hoje, geramos cerca de 70 empregos diretos e vários indiretos, temos uma casa de tratamento de resíduos no espaço e ainda promovemos palestras sobre gestão sustentável.

E sabe o que mais me enche de orgulho? Para o público que nos visita e prestigia, conseguimos oferecer preços acessíveis em todos os produtos e serviços. Quebramos aquela ideia de que Trancoso é só para quem tem muito dinheiro. O Santo Beco é para todos – moradores, turistas, quem chega de longe ou quem nasceu aqui.

Empreendimentos Mannu Carvalho

Você já sabe que eu adoro dividir com as pessoas os meus aprendizados. Então, deixa eu contar mais uma coisa: nada na vida da gente acontece por acaso. Cada passo que eu dei foi com muita fé, coragem e aquele olhar atento para perceber as oportunidades que estavam bem ali, na minha frente. Às vezes, a gente está tão distraído ou tão cheia de medo que deixa passar aquilo que podia ser uma virada de chave na nossa vida.

Sempre acreditei que mereço ter sucesso e aproveitei tudo o que aconteceu na minha vida para crescer. E foi assim que nasceu cada uma das minhas empresas. Com suor, insistência e a crença de que dava para fazer diferente, contribuir com as pessoas, e tocar a vida delas de alguma forma. No fim, é isso que importa: o impacto que a gente deixa no mundo. Tenho sempre na minha cabeça que o que vale é o legado que vou deixar, é a diferença que posso fazer na vida das pessoas.

No fim, é isso que importa: o impacto que a gente deixa no mundo. Tenho sempre na minha cabeça que o que vale é o legado que vou deixar, é a diferença que posso fazer na vida das pessoas.

Então, além dos eventos de casamentos, tenho ainda outras empresas, que conversam e se ajudam entre si, tornando ainda mais completos os serviços que prestamos aos nossos clientes.

Para construir tudo isso é preciso ter coragem, aproveitar as ocasiões e não desistir nunca. Observe o que acontece ao seu redor e perceba a oportunidade que está passando do seu lado e você não via, ou por medo, ou por estar prestando atenção em outra coisa.

Quer um exemplo? Olha a história da Adega Trancoso. Gente, no começo, era só uma ideia meio ousada de guardar as bebidas dos casamentos adiados por conta da pandemia. Na época, tudo era emprestado – desde as taças, o espaço e até mesmo os produtos. Mas eu fui lá e sonhei grande, como sempre. Hoje, temos mais de um milhão e meio em estoque, tudo pago. E sabe o que mais? Eu me tornei a maior vendedora de champanhe do Norte--Nordeste! Quem diria, hein? É isso que acontece quando a gente aproveita o que a vida coloca no nosso caminho.

E assim foi com cada uma das minhas empresas. Elas nasceram da coragem de arriscar, da disposição e da minha sagacidade para aproveitar as oportunidades, da vontade de fazer diferente e do amor por Trancoso, e pelas pessoas e pelo que eu faço. Vou listar para você um pouquinho do que já construí, pois cada um desses negócios tem uma história especial, que pode servir de inspiração para você mesmo criar os seus negócios.

- **Casa da Mannu:** minha primeira casa própria, que foi feita para alugar. Foi o início de um sonho que eu nem sabia que ia crescer tanto.
- **M2C (Mannu, Marcel e Caio):** a gente implanta hotéis, pousadas e restaurantes. É um jeito de transformar ideias em lugares reais e cheios de vida.
- **+Q1 Eventos:** essa foi "culpa" do Vinicius Favaro, que insistiu que dividisse minha história com o mundo. Nessa empresa, eu dou palestras e crio parcerias com pessoas de qualquer canto do planeta.

- **Curso online:** criado para compartilhar conhecimento e expandir possibilidades, além de ser capaz de atingir um número muito maior de pessoas.
- **Instituto Mannu Carvalho:** oferece aulas presenciais e online. E já estamos organizando casamentos feitos inteirinhos por alunos. Isso é um orgulho que nem cabe no peito.
- **Agência de publicidade:** montada com a mesma filosofia, o mesmo mindset das outras empresas, tudo no mesmo ritmo, estruturada pelo meu parceiro Caio Rehem.
- **Carambola:** uma loja de decoração que é puro charme.
- **Casa de Perainda:** meu sonho de ter um hotel boutique virou realidade. Um lugar que é a cara de Trancoso. É considerada uma das pousadas mais charmosas de Trancoso.
- **Santo Beco, o shopping:** um espaço que mistura tradição e modernidade e oferece serviços e produtos diferenciados.
- **Bar das Meninas:** meu boteco cheio de charme.
- **Restaurante Broca Trancoso:** porque comida boa também conta história e conecta pessoas. Esse empreendimento é a filial de um restaurante de São Paulo. Eu sou sócia do Cadu Evangelisti, um chef renomadíssimo, que tem tanto cuidado com pessoas quanto eu tenho. As pessoas gostam muito dele, têm prazer em trabalhar ao seu lado.

E agora você tem também este livro nas mãos. Ele é mais um pedaço de tudo o que construí com muito amor nos últimos dez anos aqui em Trancoso. É um convite para você se inspirar, olhar para sua própria história e perceber que, com coragem e persistência, você também pode construir um legado lindo e cheio de significados. Afinal, a gente está aqui para isso: para aproveitar as oportunidades, transformar vidas e deixar o mundo um pouquinho melhor do que encontramos.

E agora você tem também este livro nas mãos. Ele é mais um pedaço de tudo o que construí com muito amor nos últimos dez anos aqui em Trancoso. É um convite para você se inspirar, olhar para sua própria história e perceber que, com coragem e persistência, você também pode construir um legado lindo e cheio de significados.

O LEGADO DE UMA VIDA DEDICADA AO AMOR POR TRANCOSO

Trancoso, para mim, nunca foi só um lugar no mapa. É uma experiência viva, um cenário de histórias, encontros e transformações. É como se fosse uma velha amiga, dessas que você ama incondicionalmente, com todas as belezas e imperfeições. É uma energia que abraça, um cenário que transforma e, acima de tudo, um lar que ensina lições preciosas sobre o tempo, a simplicidade e o valor das amizades genuínas.

Quando cheguei aqui pela primeira vez, eu não imaginava o impacto que essa terra mágica teria na minha vida. Vim com sonhos grandes, mas com os pés no chão, acreditando no trabalho duro e na força que Trancoso parecia transmitir em cada canto, em cada sorriso de quem vive aqui.

Ao longo dos anos, tive o privilégio de caminhar lado a lado com as pessoas nesta terra mágica, contribuindo para o desenvolvimento de uma comunidade vibrante e resiliente. Cada empreendimento, parceria e celebração foram impulsionados por um profundo amor e respeito por suas raízes, pela força de sua cultura e pela energia única que só Trancoso possui.

Aos poucos, fui entendendo que não se tratava apenas de realizar eventos ou negócios; mas de fazer parte de algo maior. E esse legado, construído com dedicação, propósito e fé, é mais do que uma coleção de realizações; é um tributo a tudo e todos que tornaram essa jornada possível.

Nada disso teria acontecido sem as pessoas. Ah, as pessoas! Elas são a alma de Trancoso, e foi com elas que aprendi o real significado de resiliência e união. Cada colaborador que passou por mim, cada fornecedor, cada amigo local deixou sua marca nesse caminho. Brinco que eu sou como uma mãe para todo mundo – sempre cuidando, puxando para cima, mas também chamando a atenção quando necessário. Aqui, criamos não só negócios, mas uma verdadeira família, que compartilha sonhos e celebra cada conquista, por menor que pareça.

Trancoso tem uma coisa que não dá para explicar; só sentindo para entender. Talvez seja o som do mar, a luz dourada do fim de tarde ou a energia que parece brotar da terra. Cada casamento, cada festa que organizei aqui foi algo único, carregado dessa magia que só Trancoso tem. E, olha, não foi só sobre criar eventos bonitos; foi sobre realizar sonhos e fazer as pessoas sentirem que fazem parte de algo inesquecível.

Construir esse legado em Trancoso foi como cultivar um jardim. Cada empreendimento, cada parceria, cada festa celebrada aqui foi uma semente plantada com amor, respeito e muita fé. E, como todo bom jardim, teve dias de sol forte e outros de tempestade, mas nunca faltou a vontade de trabalhar arduamente para que todas as flores vingassem e os frutos amadurecessem.

Meu maior desejo é que Trancoso continue a ser esse lugar que acolhe, transforma e inspira. Que cresça, sem perder a sua essência. Que as próximas gerações tenham o mesmo privilégio de caminhar por suas ruas de terra, de sentir a energia que mora aqui, de ouvir as histórias que o vento conta. Que Trancoso continue a florescer, mantendo sua essência e acolhendo o futuro com o mesmo espírito que sempre o guiou.

Escrever este livro foi a minha forma de dizer “obrigada” a tudo e todos que fizeram parte dessa jornada. Que ele inspire outros a enxergarem além do óbvio, a valorizar o que é autêntico e a construir suas próprias histórias de amor e conexão com o lugar que chamam de lar. Afinal, o verdadeiro legado é aquele que deixa marcas profundas no coração das pessoas e no solo que nos sustenta.

Trancoso me deu muito mais do que eu poderia imaginar, e tudo que eu fiz foi retribuir, com amor, cada presente que essa terra me deu. Que a história de Trancoso siga forte, vibrante e cheia de vida, assim como os dias que tenho vivido aqui.

E agora, enquanto encerro a escrita deste livro, novas portas estão se abrindo para um futuro de muitas realizações. Convido você a estar comigo nesta jornada. Vamos juntos fazer mais essa diferença positiva neste mundo grandioso e cheio de oportunidades.

Com todo carinho e gratidão,

Mannu

Meu ápice da felicidade

A vida é, acima de tudo, sobre ser feliz.

E hoje posso dizer que alcancei o ápice da minha felicidade.

Tenho Jesus presente em tudo o que faço, me guiando em cada passo, iluminando cada decisão. Ensino pessoas com amor aquilo que aprendi, muitas vezes, com dor. Transformei cicatrizes em aprendizados e aprendi que compartilhar é também curar.

Sobretudo, realizei o maior dos meus sonhos: ter uma família.

Aqui está a minha família, o meu refúgio, a minha maior conquista.

E, junto dela, o meu verdadeiro legado.

Fotos: arquivo pessoal.

GALERIA

Caio Rehem foi meu sócio por muitos anos, acreditou nas minhas ideias e, mesmo seguindo caminhos profissionais diferentes, nossa amizade genuína permanece. Sempre lado a lado, de forma diferente, mas sempre conectados.
Foto: arquivo pessoal.

Davi Souza — começou como estagiário, mas nunca saiu de perto de mim. Tornou-se presença constante, parceiro leal e esteve ao meu lado na maioria dos eventos.
Foto: arquivo pessoal.

Ele pode estar pequeno na foto, mas é gigante na minha vida. Ter o Ariel ao meu lado, me apoiando e caminhando comigo nos negócios, é um privilégio que agradeço todos os dias.
Foto: arquivo pessoal.

Segurando o menu do Soho, um dos inúmeros empreendimentos que idealizei e ajudei a abrir nesses anos de trajetória. Cada projeto é uma porta que se abre para novas histórias.
Foto: arquivo pessoal.

Ao lado de Lucas Borchardt vivi, ao longo desses dez anos, algumas das melhores festas do mundo. Um DJ transforma a energia de um evento – e ele foi essencial em tantas histórias inesquecíveis que construímos juntos.
Foto: Ellem Cardoso e arquivo pessoal.

Decoração.
Foto: Fernanda Petelinkar.

Casamento de Aline e Maurício, um dos mais especiais que organizei.
Foto: Gustavo Sarmento.

Mylene e seu pai. Um gesto, uma lembrança para a vida toda.
Porque perceber o que importa faz toda a diferença.
Foto: Luiz Henrique de Souza Faria e Adriane Bergamini Faria.

Casamento de Mohana e Juliano.
Foto: Michel Castro.

Batizado de Vicente e Donatella.
Foto: Ellem Cardoso.

Batizado de Vicente e Donatella.
Foto: Ellem Cardoso.

Uma honra eterna ter celebrado os 50 anos da Adriane Galisteu e agora tê-la nas páginas do meu livro.
Foto: Agência Brazil News.

Bodas da Preta Gil.
Foto: Ellem Cardoso.

Mannu e Preta Gil.
Foto: arquivo pessoal.

Mannu em uma manifestação buscando a regularização das festas.
Foto: Quelvin Clécio.

Bazar da Mannu.
Fotos: Ellem Silva Cardoso.

Casamento de Kaliandra e Gabriel.
Foto: Celso Sarmento Júnior.